BigBrother – Das Kochbuch

BigBrother –
Das Kochbuch

Hallo Big Brother-Fans,

ihr wollt noch mehr über das Leben in der berühmtesten WG Deutschlands erfahren? Ihr wollt euch echtes Big Brother-Feeling nach Hause holen? Das könnt ihr haben!

Wir haben Daniela, Jörg, Ebru, Christian, Marion, Harry, Hanka, Karim, Steffi, Walter, Alida und Frank auf die Finger und in die Töpfe geguckt, und die leckersten Gerichte aus dem Haus in diesem Original Big Brother-Kochbuch zusammengetragen.

Da es unpraktisch ist, als Single oder zu zweit immer – ganz authentisch – für zwölf Personen zu kochen, haben wir die Mengenangaben auf zwei bzw. vier Portionen runter gerechnet. So müsst ihr nicht drei oder vier Tage ein und dasselbe essen. Wenn Besuch kommt, einfach die Menge verdoppeln, schon werden alle satt!

Wirklich easy! So einfach, dass ihr beim Kochen immer noch Zeit habt, die schönsten Bilder aus der TV-WG zu betrachten und dabei Erinnerungen an so manch markante Szene zwischen den Bewohnern noch einmal aufleben zu lassen.

Damit auch eure grauen Zellen beschäftigt sind, haben wir die Seiten gespickt mit Quizfragen rund ums Essen, Originalfragen von der großen Erfindungen-Liste, die es als Wochenaufgabe auswendig zu lernen galt, und Zitaten der Bewohner. Seid ihr wirklich so große Fans? Dann kommt ihr bestimmt drauf, wer was gesagt hat (wenn nicht: Auflösung gibt's am Ende des Buches)!

Viel Spaß beim Kochen und Essen, Gucken, Rätseln und Genießen!

Inhalt

Für Faule
Quick & easy – ruck zuck fertig!

Spaghetti carbonara 8
Kross gebackene Kartoffeln
mit Kräuterquark 10
Bunter Salat 11
Hähnchen-Reis-Pfanne 12
Spiegelei-Brote 14
Kräuterrührei mit Sahne 16
Tomatensalat mit Knoblauchsauce 17
Gebratener Schinken-Käse-Toast 18
Spaghetti mit Knoblauchsauce 20
Bunte Kartoffelpfanne 22
Buntes Reisfleisch 24
Gurkensalat mit Dill 25

Low Budget
Reicht eure Kohle eigentlich nur für 'nen halben Monat?

Chili con carne 28
Pizza Margherita 30
Bratkartoffeln 32
Kartoffelsuppe mit Croûtons 33
Linsensuppe mit Würstchen 34
Tomatensuppe mit Reis 35
Spaghetti mit Tomatensauce 36
Gemüse-Reistopf 38
Frikadellen 40
Schinkennudeln 42
Pfannkuchen 44
Armer Ritter 46

Snacks & Fingerfood
Wenn der kleine Hunger kommt ...

Schokomüsli 50
Wintermüsli 51
Käseschnittchen 52
Crostini 53
Pizzaecken 54
Tzatziki 56
Guacamole 57
Joghurtspeise mit Raspelschokolade 58
Bratapfel 59
Bananenmilch 60
Coco-Schoko-Milch 61
Honeymoon-Drink 61
Jagertee 62
Anti-Grippe-Punsch 63

Highlights & Special Events
Sechser im Lotto? Zeit zum Kochen? Genussvoll schlemmen!

Brezen-Buchstaben 66
Keksjuwelen 68
Sonntagsbrötchen 70
Wiener Schnitzel mit Kartoffelsalat 72
Hühnerbrust mit Champignons 74
Broccoli-Pfanne mit Kabeljau 76
Spaghetti mit Lachs 78
Nudelauflauf mit Broccoli 80
Überbackenes Putenschnitzel mit Reis 82
Lauch-Quiche 84
Fuchtsalat mit Vanillepudding 86
Kaiserschmarrn 87

Steckbriefe der Bewohner 88
Wer? Wie? Was? Rätselauflösungen 92

Inhaltsverzeichnis 94

Für Faule

Quick & easy – ruck zuck fertig!

Keine Lust zu kochen, aber einen Bärenhunger? Oder ist im Kühlschrank Ebbe angesagt, weil ihr vor lauter Party oder Büffelei das Einkaufen vergessen habt? Na, dann greift doch auf die Schätze zurück, die Vorratsschrank und Tiefkühlfach noch hergeben. Außerdem sind die üblichen Basics wie Brot, Nudeln, Reis, Kartoffeln sowie Gemüse und Geflügel aus der Tiefkühltruhe schnell zubereitet.

Blättert mal weiter: Alles in maximal 30 Minuten fertig. Ohne großen Arbeitsaufwand, und auch das Spülen hält sich hinterher in Grenzen (oder habt ihr ohnehin 'ne Spülmaschine?).

7

Spaghetti Carbonara

In 20 Minuten fertig!
Reicht für 2 (4)
Macht echt satt
Abwaschaufwand: wenig

Dazu braucht ihr:

1 Topf, 1 Pfanne

Salz
200 (400) g Spaghetti
100 (200) g durchwachsener Speck
1/2 (1) EL Öl
2 (4) Eier
3 (6) EL Sahne
50 (100) g geriebener Parmesan
Pfeffer

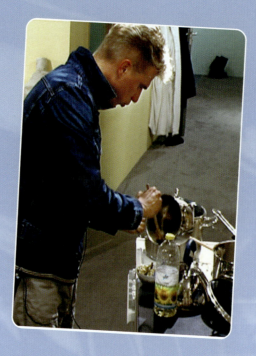

1 Topf bis fast unter den Rand mit Wasser füllen, etwas Salz rein, auf die Herdplatte stellen, Temperatur auf höchste Stufe stellen und dann warten, bis es blubbert. Spaghetti rein und so lange, wie's auf der Packung steht kochen, bis die Nudeln weich, aber ja nicht zu weich sind – also al dente. (Probieren!) In ein Sieb gießen und abtropfen lassen.

2 Schwarte vom Speck abschneiden, Speck klein würfeln. Öl in die Pfanne, wenn's heiß ist, Speck rein und 2–3 Minuten braten. Dann die Pfanne neben die Herdplatte stellen.

3 Eier in eine Schüssel schlagen, Sahne und Käse dazu und schön rühren. Pfeffern!

4 Spaghetti wieder in den Topf zurückschütten, Speck und Eiersauce dazu und alles mischen.

5 Spaghetti gerecht verteilen. Wer will, kann noch nachsalzen und pfeffern.

Es gibt eine einfach Faustregel, damit Spaghetti todsicher gelingen:

a) Pro 100 g Nudeln nehme man 1 l Wasser und 1 TL Salz.
b) Man gibt Öl ins Wasser, damit die Spaghetti nicht verkleben.
c) Damit die Pasta nach dem Abgießen nicht nach gart, schreckt man sie sofort mit kaltem Wasser ab.

Christian

Lieblingsgerichte? Wie wir es von ihm kennen, geht der Barkeeper und Action-Darsteller auch hier in die Vollen: viele, viele Gerichte! Auf Drängen rückt er schließlich doch noch mit seiner Leibspeise herraus: Mit Spaghetti carbonara kann man bei ihm nichts falsch machen!

Kross gebackene Kartoffeln mit Kräuterquark

In 30 Minuten fertig!
Reicht für 2 (4)
Total easy
Abwaschaufwand: wenig

Dazu braucht ihr:
1 Backblech

4 (8) große Kartoffeln
1/8 (1/4) l Olivenöl
1/2 (1) EL Kümmel
Salz
Pfeffer
250 (500) g Speisequark
2 (4) EL Milch
je 1/4 (1/2) Bund Petersilie und Schnittlauch (oder andere Kräuter wie Dill oder Kresse)

1 Backofen auf 220° stellen. Kartoffeln waschen, abtrocknen und der Länge nach durchschneiden. Backblech mit etwas Öl bepinseln und Kartoffelhälften drauflegen.

2 Olivenöl in eine Tasse schütten, Kümmel, etwas Salz und Pfeffer dazu, verrühren. Die aufgeschnittenen Oberflächen der Kartoffeln damit bepinseln und ab in den Backofen, mittlere Schiene. Dort könnt ihr sie erst mal vergessen (am besten Küchenwecker stellen oder Knoten ins Taschentuch machen), bis sie weich sind (nach etwa 30 Minuten). Zum Test mit einer Gabel reinstechen, wenn sie noch hart sind, noch etwas länger im Ofen lassen.

3 Inzwischen den Quark anmachen. Rein in eine Schüssel, Milch dazu und cremig rühren. Kräuter waschen, dicke Stiele abschneiden, den Rest klein hacken, in den Quark mischen und mit Salz und Pfeffer würzen.

4 Teller rausholen, je 4 Kartoffelhälften drauflegen, Kräuterquark in der Schüssel dazustellen. Kann sich jeder selbst neben seine Kartoffeln klecksen.

Kartoffeln, Tomaten, McDonalds, was haben diese drei gemeinsam?

a) Essen alle Big Brother-Kandidaten der zweiten Staffel gern.
b) Alle drei aus Amerika importiert.
c) Sind gesundheitlich irgendwie bedenklich.

Bunter Salat

In 20 Minuten fertig!
Reicht für 2 (4)
Vitamine pur
Abwaschaufwand: kaum

Dazu braucht ihr:

1 Salatschüssel

1/2 (1) Kopfsalat
2 (4) Stangen Staudensellerie
1 (2) rote Paprikaschote
1 (2) gelbe Paprikaschote
1 (2) Tomate
3 (6) EL Öl
1 (2) EL Essig
Salz
Pfeffer
1/2–1 (1–2) EL Senf
Meerrettich nach Geschmack
1/2 (1) Bund Petersilie

1 Falls der Kopfsalat welke Blätter hat, entfernt ihr die und werft sie weg. Die anderen Blätter auch vom Kopf abtrennen, waschen, in einem Sieb abtropfen lassen und in essbare Stücke zupfen.

2 Staudensellerie waschen und in Streifen schneiden. Paprikaschoten müssen auch gewaschen werden, dann in Viertel schneiden und dabei Kerne und innere Trennwände entfernen, Paprika in Streifen schneiden. Tomate waschen und in kleine Würfel schneiden.

3 Salatschüssel rausholen, Kopfsalat rein, den Rest auch, mischen.

4 Öl in eine kleine Schüssel schütten, Essig, Salz und Pfeffer dazu, verrühren. Mit Senf und Meerrettich abschmecken. Über den Salat gießen.

5 Petersilie waschen, dicke Stiele abschneiden, den Rest klein hacken und über den Salat streuen.

Vorsicht: Es reicht wirklich aus, nur die äußeren, welke oder gelben Blätter zu entfernen! Selbst wenn die darunterliegenden Blätter etwas verschmutzt sind – das kann man abwaschen! Alles andere ist Verschwendung, ihr habt ja vielleicht mitgekriegt, dass Marion versucht, das Frank noch irgendwie beizubringen.

Tipp: Eine Salatschleuder erleichtert das Waschen und Trockenschleudern von Salaten, Obst und Gemüse ungemein!

Hähnchen-Reis-Pfanne

In 30 Minuten fertig!
Reicht für 2 (4)
Schmeckt halt gut
Abwaschaufwand: super wenig

Daniela hat Jörg ausgiebig erklärt, sie hasse Fett. Bei Hähnchen mit Gemüsereis macht sie sich zu Recht keine Gedanken um ihre Figur.

Dazu braucht ihr:

1 Topf, 1 Pfanne

1/2 (1 Tasse) Reis
Salz
1 (2) Hähnchenkeule oder
2 (4) Hähnchenflügel
Pfeffer
Paprikapulver, edelsüß
1 (2) rote Paprikaschote
1 (2) Zwiebel
1 (2) Knoblauchzehe
1 (2) EL Öl
3 (6) EL Wasser
1 (2) Teel. Instant-Hühnerbrühe
1 (2) Messerspitze Safran
2 (4) EL tiefgekühlte Erbsen

1 Reis in den Topf schütten, 1 (2) Tasse Wasser dazu, ein bisschen Salz auch, aufkochen, Herdplatte ausmachen, Deckel drauf und in 20 Minuten ausquellen lassen (das macht der Reis dann ganz von alleine).

2 Hähnchenteile waschen, mit Küchenpapier abtrocknen und rundherum salzen, pfeffern und mit Paprika würzen.

3 Paprikaschote waschen, Kerne und Trennwände entfernen, und in Würfelchen schneiden. Zwiebel und Knoblauch müssen geschält und klein gehackt werden.

4 Öl in die Pfanne geben und heiß werden lassen. Hähnchenteile rein (Achtung: zischt und spritzt!) und von jeder Seite etwa 2 Minuten braten. So, jetzt die Paprika, Knoblauch und Zwiebeln dazu, Temperatur auf mittlere Stufe stellen und etwa 20 Minuten braten, ab und zu rühren.

5 Fertigen Reis, das Wasser, Salz, Pfeffer und Instant-Hühnerbrühe in der Pfanne mischen und mit Safran würzen (könnt ihr auch weglassen, ist nämlich ziemlich teuer, macht aber das Gericht schön gelb!). Erbsen dazu und alles nochmal kurz erwärmen, damit auch die Erbsen gar werden.

6 Teller rausholen, Reis drauf und jedem sein Hähnchenkeulchen.

Daniela

Danielas Spaghetti-Lust ist schon legendär, als die Fitness-Trainerin gerade erst drei Tage im Container wohnt. Gern und oft gibt's bei der Nürnbergerin aber auch Kartoffeln mit Spinat und Eiern, Lendchen oder Hähnchenkeulen mit Reis. Und wenn sie sich richtig verwöhnen möchte, geht sie zum Mexikaner. Weil sie beim Mäxchenspielen verloren hatte, musste Daniela fünf Minuten einen Teebeutel in den Mund nehmen.

Spiegelei-Brot

In 15 Minuten fertig!
Reicht für 2 (4)
Extrem schnell
Abwaschaufwand: fast null

Dazu braucht ihr:

1 Pfanne

2 (4) Scheiben dunkles Brot
weiche Butter
2 (4) Scheiben roher Schinken
1 (2) Fleischtomate
1/2 (1) Zwiebel
Salz
Pfeffer
2 (4) Eier
1/2 (1) Kästchen Kresse

Alida-Nadine mag keine Tomaten, für sich lässt sie diese weg. Weil das Ei-Brot aber saftiger schmeckt, belegt sie die Brote für die anderen mit Tomatenscheiben.

1 Teller rausholen, je eine Brotscheibe drauflegen und Butter draufstreichen. Dann kommt auf jede Brotscheibe eine Scheibe Schinken. Tomate waschen, abtrocknen und in Scheiben schneiden. Die Zwiebel auch schälen und in Ringe schneiden. Die Brote mit den Tomatenscheiben und den Zwiebelringen schön belegen und das Ganze salzen und pfeffern.

2 Pfanne auf den Herd, etwas Butter rein und heiß werden lassen. Eier in die Pfanne hauen (aber schön nebeneinander) und zu Spiegeleiern braten.

3 Je 1 Spiegelei auf 1 belegtes Brot drapieren, ein bisschen salzen. Kresse vom Kästchen abschneiden (am besten mit einer Schere) und die Spiegelei-Brote damit dekorieren, denn das Auge isst ja mit, oder etwa nicht?

Alida-Nadine

Kochen und Alida? Lange Zeit hat es gerade mal fürs kochende Wasser gereicht. Doch irgendwann gelangen ihr dann Spiegeleier, später Fischstäbchen und Kartoffelpüree aus der Tüte. Heute wagt sie sich an fast alles ran, was sich ihre Freunde wünschen. Und es scheint genießbar zu sein, denn mittlerweile verlangen diese oft noch einen Nachschlag!

Kräuterrührei mit Sahne

In 15 Minuten fertig!
Reicht für 2 (4)
Extrem easy
Abwaschaufwand: kaum

Dazu braucht ihr:

1 Pfanne

1/2 (1) Bund Petersilie
1/2 (1) Bund Schnittlauch
4 (8) Eier
3 (6) EL Crème fraîche
Salz
Pfeffer
1 (2) EL Butter

1 Petersilie und Schnittlauch waschen und klein schneiden. Die dicken Stiele von der Petersilie wegwerfen.

2 Eier in eine Schüssel aufschlagen. Crème fraîche, Petersilie und Schnittlauch dazu und schön verrühren. Mit Salz und Pfeffer würzen.

3 Pfanne auf die Herdplatte, Butter rein und heiß werden lassen, dann die Eiermasse reingießen und die Temperatur runterstellen. Warten, bis die Masse langsam fest wird. So, jetzt aber mit dem Kochlöffel rühren, bis so ein richtiges Rührei entsteht.

4 Rührei auf Teller verteilen. Dazu schmeckt Toast oder Schwarzbrot.

> Im Big Brother-Haus gibt es Gurke, Tomate und Paprika zum Rührei – und Kartoffelpüree. Eine merkwürdige Kombination, aber es scheint zu harmonieren. Ausprobieren?!

> Steffi zum Huhn: »Du bist 'ne alte Ziege.« Ebru mag die Hühner, sie hat ihnen Namen gegeben.

Tomatensalat mit Knoblauchsauce

In 10 Minuten fertig!
Reicht für 2 (4)
Super tolle Beilage
Abwaschaufwand: wenig

Die TV-WG verwendet Aceto Balsamico (Essig) für den Tomatensalat. Schmeckt toll!

Dazu braucht ihr:

weder Topf noch Pfanne

250 g (500 g) Tomaten
1 (2) EL Essig
2 (4) EL Olivenöl
Salz
Pfeffer
1/2 (1) Knoblauchzehe
1/2 Bund Basilikum

1 Tomaten waschen und abtrocknen. Dann in 1 cm dicke Scheiben schneiden, dabei Stängelansätze entfernen. Tomatenscheiben schuppenartig auf einen großen Teller legen.

2 Essig, Olivenöl, Salz und Pfeffer in einem Schüsselchen verrühren. Knoblauchzehe schälen, klein hacken oder durch die Knoblauchpresse in die Salatsauce drücken.

3 Knoblauchsauce über die Tomaten verteilen. Basilikum waschen und die Blättchen ebenfalls über die Tomaten legen. Weißbrot dazu essen oder den Salat zu irgendeinem anderen Gericht als Beilage machen.

Gebratener Schinken-Käse-Toast

In 30 Minuten fertig!
Reicht für 2 (4)
Oberlecker
Abwaschaufwand: wenig

Dazu braucht ihr:

1 Pfanne

4 (8) Scheiben Toastbrot
4 (8) Scheiben roher Schinken
1 (2) Kugel Mozzarella
4 (8) EL Milch
1 (2) Eier
1 (2) EL Mehl
Salz
Pfeffer
2 (4) EL Pflanzenöl
4 (8) Basilikumblättchen

1 Toastscheiben nebeneinander legen und jeweils 1 Scheibe Schinken drauflegen. Mozzarellakugel in 1 cm dicke Scheiben schneiden, und die Hälfte der Toastscheiben jeweils mit 2–3 Mozzarellascheiben belegen. Belegte Toastscheiben mit einer zweiten nur mit Schinken belegten Toastscheibe zuklappen und fest zusammendrücken.

2 Gefüllte Toasts von beiden Seiten mit etwas Milch beträufeln und mit Mehl bestreuen.

3 Eier in einen tiefen Teller schlagen, schön verrühren, salzen und pfeffern. Toasts darin wenden, so dass sie rundherum mit Eimasse bedeckt sind.

4 Öl in die Pfanne geben und heiß werden lassen. Jetzt die Brote reinlegen (Achtung: zischt und spritzt!) und etwa 2 Minuten braten, dann mit einem Pfannenwender umdrehen und von der anderen Seite etwa 2 Minuten goldgelb braten.

5 Brote auf Teller legen und mit Basilikumblättchen verzieren (kann man auch lassen, wenn man keine hat!). Sofort essen!

Tipp: Wenn ihr am Ende der Bratzeit kurz einen Deckel auf die Pfanne legt, schmilzt der Käse besser!

Walter

Für den smarten Medizinstudenten aus Österreich ist Essen ein Multi-Kulti-Genuss-Erlebnis: chinesisch, mexikanisch, italienisch stehen bei ihm ganz oben auf der kulinarischen Wunschliste. Abends gibt es oft einfachere Leckereien, wie überbackene Toasts und Salate in verschiedensten Variationen. Selbstgemacht, natürlich!

Spaghetti mit Knoblauch-Öl-Sauce

In 15 Minuten fertig!
Reicht für 2 (4)
Macht echt satt
Abwaschaufwand: wenig

Jörg kocht zwar gerne, ist aber nicht sicher, ob das auch allen schmeckt. Deswegen sind ihm Abspülen, Holzhacken und Hühnerpflege als Haushaltsbeitrag lieber.

Dazu braucht ihr:

1 großen Topf, 1 kleinen Topf

Salz
200 (400) g Spaghetti
3 (6) Knoblauchzehen
1/2 (1) Bund Petersilie
1 getrocknete Chilischote
4 (8) EL Olivenöl
Pfeffer

1 Topf bis fast unter den Rand mit Wasser füllen, 1 (2) Teelöffel Salz rein, Deckel drauf, Temperatur auf höchste Stufe stellen und warten, bis es kocht. Spaghetti rein, Temperatur runterstellen, und Spaghetti so lange, wie's auf der Packung steht »al dente« kochen. Das heißt, sie sollen noch einen gewissen Biss haben und nicht labberig von der Gabel hängen.

2 Inzwischen die Knoblauchzehen schälen und in dünne Scheibchen schneiden. Petersilie waschen und klein hacken, die dicken Stiele wegwerfen. Chilischoten waschen, in Ringe schneiden. (Hände waschen, brennt sonst höllisch!)

3 Olivenöl in den kleinen Topf schütten, heiß werden lassen, Chilischoten rein, Knoblauch rein und goldgelb anbraten, gehackte Petersilie dazu und mit Pfeffer und Salz würzen.

4 Spaghetti in ein Sieb schütten und abtropfen lassen. Auf Tellern verteilen. Die Spaghettiportionen mit der Knoblauchsauce begießen (wer beißt wohl auf die Chilischoten?) und sofort essen. Dazu schmeckt Parmesan, frisch gerieben! (Naja, wenn's nicht anders geht, auch der aus der Packung!).

Jörg

Es stimmt nicht ganz, dass nur Quietscheenten raus kommen, wenn er den Mund aufmacht. Denn oft überlegt Jörg in »Denker von Rodin«-Pose ziemlich lange, bevor er sich dann schließlich äußert. Bei seinen Lieblingsgerichten musste er allerdings nicht eine Sekunde nachdenken: Pasta mit Pesto, Heidelbeersahnejoghurt, Salat mit Meeresfrüchten. Außerdem versucht Jörg sich in der Küche gerne auch an Gemüsevariationen, Geschnetzeltem mit feinen Käsesaucen oder Lebergerichten.

Kartoffelpfanne mit Pilzen

In 30 Minuten fertig!
Reicht für 2 (4)
Schmeckt halt gut
Abwaschaufwand: fast null

Dazu braucht ihr:

1 Pfanne

2 (4) große Kartoffeln
2 (3) EL Öl
Salz
3 (6) Scheiben gekochter Schinken
1 (2) kleine Zwiebel
1 (2) Frühlingszwiebel
50 (100) g Champignons
1 (2) Tomate
Pfeffer

1 Kartoffeln waschen, schälen und in 2 cm große Würfel schneiden. Öl in die Pfanne und heiß werden lassen, Kartoffeln dazu und rühren und braten und braten und rühren, salzen. Temperatur auf niedrige Stufe stellen.

2 Schinken in 2 cm große Stücke schneiden. Zwiebel schälen und klein hacken. Frühlingszwiebel waschen, Wurzelenden abschneiden und Frühlingszwiebel mitsamt ihrem zarten Grün in Röllchen schneiden. Von den Champignons mit Küchenpapier den Schmutz abrubbeln, dann in dünne Scheiben schneiden. Tomate waschen und in Würfel schneiden.

3 Kartoffeln aus der Pfanne auf einen Teller schütten. Pfanne wieder auf die Herdplatte stellen und heiß werden lassen. Schinken reingeben und knusprig anbraten. (Dabei ständig umrühren, sonst brennt er an!).

4 Jetzt kommen Zwiebel, Champignons und wieder die Kartoffeln dazu und werden etwa 5 Minuten auf mittlerer Stufe gebraten.

5 Frühlingszwiebeln und Tomaten in die Pfanne, salzen und pfeffern und alles noch etwa 2 Minuten weiterbrutzeln.

Wie nennt man das sanfte und vitalstoffschonende Garen von Nahrungsmitteln in siedendem Wasser?

a) Blanchieren
b) Anschwitzen
c) Pochieren

Frank

Frank hatte wahrlich Gelegenheit, die Welt auch kulinarisch zu entdecken. Doch nach wie vor geht nichts über Mamas Sauerbraten. Kommt er selber mal dazu, sich eine richtige Mahlzeit zu kochen, gibt's Bewährtes: Leckeres mit Kartoffeln oder Eierspeisen.

Buntes Reisfleisch

In 30 Minuten fertig!
Reicht für 2 (4)
Total klasse
Abwaschaufwand: wenig

Dazu braucht ihr:

1 kleinen Topf, 1 Pfanne

2 (4) EL Sojasauce
1/2 (1) Teel. Sambal oelek
150 (300) g Schweineschnitzel
1/2 (1) Tasse Langkornreis
Salz
1 (2) Paprikaschote
2 Frühlingszwiebeln
1 (2) EL Pflanzenöl
Pfeffer

1 Sojasauce, 2 (4) Esslöffel Wasser, Sambal oelek in eine Schüssel schütten und verrühren. Schweinefleisch in kleine Streifen schneiden und in die Sauce (nennt man auch Marinade) legen.

2 Reis mit 1 (2) Tasse Wasser und etwas Salz in einen Topf geben, auf die Herdplatte stellen und zum Kochen bringen. Dann Topf kurz neben die Herdplatte stellen, Deckel drauf, Herdplatte ausschalten. Nach etwa 5 Minuten Reistopf wieder draufstellen (nicht wieder anschalten!), und den Reis etwa 10 Minuten quellen lassen, bis er das ganze Wasser aufgesaugt hat (das macht der Reis ganz von alleine!).

3 Paprikaschote waschen, halbieren, Trennwände und Kerne entfernen und in Würfel schneiden.

4 Öl in die Pfanne und heiß werden lassen. Fleisch reingeben und in etwa 5 Minuten von allen Seiten anbraten, dabei immer rühren.

5 Temperatur auf mittlere Stufe stellen. Paprika und Frühlingszwiebeln zum Fleisch in die Pfanne rein und weitere 5 Minuten braten.

6 Jetzt wieder hoch mit der Temperatur und den Reis dazu, umrühren. Nochmal alles schön heiß werden lassen, salzen, pfeffern und fertig!

Hanka

Austern, Garnelen, Artischocken, Hanka liebt französisches und japanisches Essen. Kein Problem für sie, dass sie im Container auf diesen Luxus verzichten muss. Da sie gerne isst und Phantasie hat, kocht sie fast alles. Nur zu aufwändig darf es für die taffe Geschäftsfrau nicht sein. So ein Pfannengericht mit Kurzgebratenem und Reis bietet sich da geradezu an.

Gurkensalat mit Dill

In 15 Minuten fertig!
Reicht für 2 (4)
Echt pikant
Abwaschaufwand: fast null

Dazu braucht ihr:
weder Topf noch Pfanne

1/2 (1) Salatgurke
1 (2) Bund Dill
1/2 (1) Zwiebel
3 (6) EL saure Sahne
1 (2) EL Öl
2 (4) EL Essig
Salz
Pfeffer
1 Prise Zucker
1 (2) EL geschälte Walnusskerne

1 Gurke schälen (geht am besten mit einem Sparschäler) und in dünne Scheiben schneiden. In eine Salatschüssel geben.

2 Dill waschen und fein hacken. Die dicken Stiele wegwerfen. Zwiebel schälen und auch klein hacken. Dill und Zwiebeln unter die Gurken mischen.

3 Saure Sahne in eine kleine Schüssel, Öl und Essig dazu, rühren. Mit Salz, Pfeffer und Zucker würzen, alles schön verrühren und über die Gurken gießen. Gut durchmischen!

4 Walnüsse ein bisschen mit dem Messer klein hacken und über den Salat streuen. Schmeckt prima als Beilage oder als Snack mit Toast oder Baguette.

Low Budget

Reicht eure Kohle eigentlich nur für 'nen halben Monat?

In der Big Brother-WG bricht jedes Mal ein knallharter Kampf um die Lebensmittelvorräte aus, wenn die Wochenaufgabe versiebt worden ist, und das Haushaltsbudget empfindlich schrumpft. Der einzige, der gute Laune bewahrt ist Harry, abnehmen tut er scheinbar trotzdem nicht. Auch Hanka lassen solche Einbußen kalt, sie sieht schon zu, dass sie nicht zu kurz kommt.

Und ihr? Was tun, wenn's mal wieder hinten und vorne nicht reicht? Ganz einfach: Auf günstige Grundnahrungsmittel setzen! Ihr werdet euch wundern, was sich mit 2 Mark pro Person und Hauptmahlzeit für leckere Gerichte zaubern lassen – und satt machen sie auch noch!

Chili con carne

In 30 Minuten fertig!
Reicht für 2 (4)
Macht echt satt
Abwaschaufwand: ziemlich wenig

Dazu braucht ihr:

1 Pfanne, 1 Topf

1/2 (1) Zwiebel
1 (2) EL Pflanzenöl
150 (300) g Hackfleisch
Salz
Pfeffer
400 (800) g rote Bohnen (aus der Dose, mit Flüssigkeit gewogen)
200 (400) g geschälte Tomaten (aus der Dose, mit Flüssigkeit gewogen)
350 (750) ml Rinderbrühe (am besten aus Brühwürfeln)
1/2 (1) EL Chilipulver
2 (4) EL saure Sahne

Du stehst auf Walter? Mit einem guten Essen in richtiger Atmosphäre mit einem guten Rotwein und schöner Musik machst du ihn schwach!

1 Zwiebel schälen und hacken. Pfanne auf den Herd, Temperatur auf höchste Stufe stellen, Öl rein und heiß werden lassen. Zwiebeln rein und kurz andünsten. Jetzt das Hackfleisch dazu und in 5–8 Minuten schön krümelig braten. Salzen und pfeffern.

2 Bohnen aus der Dose mitsamt der Flüssigkeit in einen Topf schütten, geschälte Tomaten dazu und umrühren, dabei die Tomaten mit zwei Gabeln zerpflücken. Brühe dazugießen, Temperatur auf höchste Stufe stellen und alles aufkochen.

3 Hackfleisch zu den Bohnen in den Topf geben und mit Chilipulver würzen. Umrühren! Mal probieren und, wenn's sein muss, noch ein bisschen Salz und Pfeffer dazu.

4 Suppentassen rausholen, Chili verteilen und auf jede Portion einen Esslöffel saure Sahne klecksen. Lecker mit französischem Weißbrot oder – typisch mexikanisch – mit Tacochips.

Walter

Auf den Kopf gefallen ist das Ex-Model ja nicht. Beim ersten Rendevous serviert Walter Chili con carne – es soll schließlich ein scharfer Abend werden! Und wenn die Angebetete kein Chili mag? Kein Drama, denn eigentlich findet Walter ein Candle-light-Diner und Mousse zum krönenden Abschluss auch romantischer.

Pizza Margherita

In 30 Minuten fertig!
Reicht für 2 (4)
Supergut und easy
Abwaschaufwand: wenig

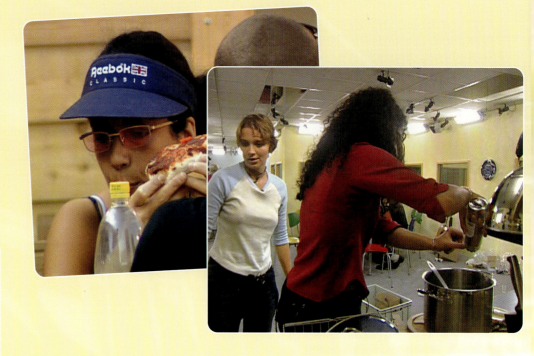

Dazu braucht ihr:

1 Backblech

200 (450) g tiefgekühlter Pizzateig (das sind etwa 3 bzw. 5 Teigplatten)
1 (2) EL Olivenöl
200 (400) g Pizzatomaten (aus der Dose)
Salz
Pfeffer
1 (2) Kugel Mozzarella
2 (4) EL Parmesan
2 (4) Zweige Basilikum

1 Backofen schon mal auf 180° vorheizen. Pizzateigplatten aus der Packung nehmen, nebeneinander auf ein Brett legen und etwa 10 Minuten warten, bis sie aufgetaut sind.

2 Backblech mit dem Olivenöl einpinseln (wenn das Blech nur für 2 Portionen verwendet wird, das Blech nur zur Hälfte einpinseln, oder ihr nehmt gleich ein rundes Backblech von ca. 22–25 cm Durchmesser).

3 Pizzateig in der Größe des Backblechs ausrollen und auf das Blech legen. Pizzatomaten aus der Dose darauf verteilen und mit Salz und Pfeffer würzen.

4 Mozzarella in Scheiben schneiden und auf die Tomaten legen. Nochmal ein wenig salzen und pfeffern.

5 Rein in den Ofen, mittlere Schiene und etwa 20 Minuten backen, bis der Käse geschmolzen ist. Rausholen und mit Parmesan bestreuen, Basilikumblättchen über die Pizza verteilen und nochmal etwa 5 Minuten in den Ofen. Wieder rausholen und schon ist sie fertig, die Pizza.

Welches der folgenden Gerichte stammt ursprünglich aus Ebrus Heimat?

a) Farfel
b) Faferl
c) Lâchmacun

Ebru

Mit dem Kochen hat es die Powerfrau aus Mülheim an der Ruhr nicht so. Dafür bäckt sie super gerne, zum Beispiel Pizza. Auch beim »ersten Mahl«! Um dieses eher ungewöhnliche Erotik-Menü abzurunden, würde sie ihren Schatz am nächsten Morgen mit einem tollen Frühstück verwöhnen!

Probieren geht über studieren: Ebru träumt von Erdbeeren auf der Pizza. Ob das schmeckt?

Brat-kartoffeln

In 30 Minuten fertig!
Reicht für 2 (4)
Geht total schnell
Abwaschaufwand: kaum

Dazu braucht ihr:

1 Pfanne

2 (4) Knoblauchzehen
2 (4) kleine Zwiebeln
250 (500) g Kartoffeln
2 (4) EL Butter
Salz
Pfeffer
1/2 (1) Bund Petersilie

1 Knoblauch schälen und klein hacken. Zwiebeln auch schälen, dann aber in dünne Ringe schneiden. Die Kartoffeln waschen, schälen und in etwa 1/2 cm dicke Scheiben schneiden.

2 1 (2) Esslöffel Butter in eine große Pfanne, auf den Herd und auf höchster Stufe erhitzen. Zwiebeln rein, kurz andünsten, dann kommen die Zwiebeln wieder raus (in ein Schüsselchen).

3 Noch etwas Butter in die Pfanne und jetzt auf höchster Stufe nach und nach die Kartoffeln von beiden Seiten goldbraun braten. Das müsst ihr portionsweise machen, denn nicht alle Kartoffeln haben Platz in der Pfanne.

4 Zum Schluss alle goldbraun angebrutzelten Kartoffeln auf einmal in die Pfanne geben, Zwiebeln und Knoblauch drüberstreuen, salzen und pfeffern und weitere 5–8 Minuten braten. Ab und zu rühren.

5 Petersilie waschen, klein schneiden, dicke Stiele wegwerfen und über die Bratkartoffeln streuen. Gleich essen!

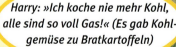

Harry: »Ich koche nie mehr Kohl, alle sind so voll Gas!« (Es gab Kohlgemüse zu Bratkartoffeln)

Kartoffelsuppe mit Brotcroûtons

In 20 Minuten fertig!
Reicht für 2 (4)
Super lecker
Abwaschaufwand: kaum

Dazu braucht ihr:

1 Pfanne, 1 Topf

1 (2) Scheibe altbackenes Brot
1/2 (1) EL Butter
200 (400) ml Milch
2 (4) Portionen Kartoffelpüree (aus der Packung)
60 (120) g Doppelrahmfrischkäse
1 (2) EL Gemüsebrühe (fertige)
Salz
Pfeffer
2 (4) Wiener Würstchen
50 (100) g süße Sahne

1 Brot in Würfel schneiden. Butter in die Pfanne, Pfanne auf den Herd und auf höchster Stufe erhitzen. Brotwürfel rein und von allen Seiten knusprig anbraten. Pfanne neben die Herdplatte stellen.

2 1/4 (1/2) l Wasser mit der Milch in einen Topf gießen, auf dem Herd bei höchster Stufe aufkochen, Kartoffelpüree reinrühren und nach und nach den Frischkäse untermischen. Mit Gemüsebrühe, Salz und Pfeffer würzen.

3 Würstchen klein schneiden und in die Suppe geben. Sahne reinrühren.

4 Suppe in Suppenteller oder -tassen verteilen und mit den gerösteten Brotwürfeln bestreuen.

Fest kochende Kartoffeln eignen sich am besten für

a) Kartoffelsalat
b) Brat- und Pellkartoffeln
c) Kartoffelsuppe und Kartoffelpüree

Linsensuppe mit Schinkenspeck

In 15 Minuten fertig!
Reicht für 2 (4)
Extrem easy
Abwaschaufwand: superwenig

Dazu braucht ihr:

1 Topf, 1 Pfanne

400 (800) g gegarte Linsen (aus der Dose, mit Flüssigkeit gewogen)
1/2 (1) l Gemüsebrühe (fertige)
200 (400) g geschälte Tomaten (aus der Dose, mit Flüssigkeit gewogen)
Salz
Pfeffer
2 (4) Salbeiblättchen (könnt ihr auch weglassen, sind manchmal schwer zu bekommen)
50 (100) g geräucherter Schinkenspeck
1 EL Öl

Christian noch entspannt, bevor er in die Peperoni beißt und einen »echt scharfen« Tanz in der Küche vollführt. Erst Milch und Bonbon können dieses »innere Feuer« stoppen.

1 Linsen und Gemüsebrühe in einen großen Topf schütten, auf die Herdplatte stellen und auf mittlerer Stufe erhitzen. Ab und zu umrühren. Tomaten dazu und mit zwei Gabeln im Topf zerpflücken. Salzen und pfeffern. Salbeiblättchen dazugeben.

2 Schinkenspeck in kleine Würfel schneiden. Öl in die Pfanne, Pfanne auf den Herd und erhitzen. Schinkenwürfel rein und auf höchster Stufe 1–2 Minuten anbraten.

3 Schinkenspeck in den Topf mit den Linsen geben, gut durchrühren. Eintopf in Suppenteller oder -tassen verteilen. Schmeckt gut mit Baguette.
Ihr könnt den Eintopf auch mit Würstchen machen (statt mit Schinkenspeck). Vegetarier lassen das Fleisch einfach ganz weg.

Tomaten-suppe

In 15 Minuten fertig!
Reicht für 2 (4)
Kriegt jeder hin
Abwaschaufwand: fast null

Dazu braucht ihr:
1 Topf

1/2 (1) Zwiebel
1 (2) Knoblauchzehe
1 1/2 (3) EL Butter oder Margarine
1 1/2 (3) EL Mehl
1 (2) EL gekörnte Brühe
1 (2) Packung passierte Tomaten (à 500 g)
Salz
Pfeffer
1/2 (1) Bund Schnittlauch
2 (4) EL saure Sahne

1 Zwiebel und Knoblauch schälen und klein hacken. Fett in den Topf, auf höchster Stufe erhitzen, gehackte Zwiebeln und Knoblauch rein, kurz andünsten, rühren.

2 Das Mehl nach und nach einrühren – immer gut rühren, hellgelb anschwitzen und unter Rühren mit den passierten Tomaten ablöschen. Mit der gekörnten Brühe würzen.

3 Temperatur auf mittlere Stufe stellen und noch fünf Minuten köcheln lassen. Mit Salz und Pfeffer würzen.

4 Die Zeit könnt ihr sinnvoll nutzen und den Schnittlauch waschen und klein schneiden.

5 Tomatensuppe in Suppenteller oder -tassen verteilen, Schnittlauch drüberstreuen und je einen Esslöffel saure Sahne drüberklecksen. Schon fertig! Dazu frisches Baguette essen.

Tipp: Wenn vom Vortag noch gekochter Reis übrig ist, rührt einfach ein oder zwei Esslöffel in die Suppe. Oder Nudeln. Oder Mais aus der Dose. Oder Paprikawürfelchen – die dann am besten schon mit den Zwiebeln anbraten.

Jörg würde wegen seiner Tabakversorgung eine Woche von Äpfeln und Joghurt leben. Darf er aber nicht, dafür sorgen der große Bruder und seine Mitbewohner!

Spaghetti mit Tomatensauce

In 30 Minuten fertig!
Reicht für 2 (4)
Klassisch und gut
Abwaschaufwand: kaum

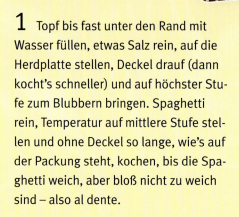

Jörg macht die Sauce aus frischen Tomaten. Mit denen aus der Dose schmeckt die Sauce aber 'tomatiger'!

Dazu braucht ihr:

1 Pfanne, 1 Topf

Salz
200 (400) g Spaghetti
1 (2) EL Olivenöl
1 (2) Knoblauchzehe
200 (400) g geschälte Tomaten (aus der Dose, mit der Flüssigkeit gewogen)
Pfeffer
1/2 (1) Bund Basilikum
2 (4) EL geriebener Parmesan

1 Topf bis fast unter den Rand mit Wasser füllen, etwas Salz rein, auf die Herdplatte stellen, Deckel drauf (dann kocht's schneller) und auf höchster Stufe zum Blubbern bringen. Spaghetti rein, Temperatur auf mittlere Stufe stellen und ohne Deckel so lange, wie's auf der Packung steht, kochen, bis die Spaghetti weich, aber bloß nicht zu weich sind – also al dente.

2 Während die Nudeln kochen, die Sauce machen. Pfanne auf die Herdplatte, Olivenöl rein und erhitzen. Knoblauchzehe schälen, klein hacken und ins heiße Öl geben.

3 Tomaten aus der Dose dazuschütten und mit zwei Gabeln zerpflücken. Mit Salz und Pfeffer würzen und auf mittlerer Stufe etwa 5 Minuten kochen.

4 Spaghetti in ein Sieb schütten, abtropfen lassen, dann wieder in den Topf zurückschütten und mit geschlossenem Deckel warm halten.

5 Basilikum waschen, ein paar Blättchen zum Dekorieren beiseite legen, den Rest in feine Streifen schneiden und in die Tomatensauce rühren.

6 Nudeln auf Teller verteilen, Sauce drübergießen, jeweils einen Esslöffel Parmesan drüberstreuen und mit Basilikumblättchen dekorieren.

36

Die beliebten Teigrollen aus Italien heißen

a) Makkaroni
b) Canellino
c) Spaghetti

Stefanie

Frau Doktor liebt Sushi, die asiatische Küche – und Pasta, eine Leidenschaft, die sie mit all den anderen Big Brother-Kandidaten gemein hat. Natürlich steht sie auf die klassischen Nudeln mit Tomatensauce. Doch wenn sie Hunger hat, isst sie (fast) alles – Hauptsache lecker! Trotzdem ist sie kein einfacher Gast: Im Restaurant kombiniert sie am liebsten aus verschiedenen Gerichten von der Karte.

Gemüse-Reistopf

In 40 Minuten fertig!
Reicht für 2 (4)
Total easy
Abwaschaufwand: echt wenig

Es gibt Reis, Baby – im Haus ein untrügerisches Zeichen dafür, dass mal wieder Ebbe in der Kasse ist!

Dazu braucht ihr:

1 Topf, 1 Pfanne

1 (2) Tasse Langkornreis
2 (4) Tassen Gemüsebrühe (fertige)
1 (2) Frühlingszwiebel
2 (3) Tomaten
1/2 (1) Zucchino
1 (2) Paprikaschote
3 (5) Champignons
1/2 (1) Bund Petersilie
1 (2) EL Öl
1/2 (1) EL Erdnusskerne
1 (2) EL Crème fraîche
Salz
Pfeffer
1 (2) EL geriebener Parmesan

1 Reis und Gemüsebrühe in einen Topf, auf die Herdplatte stellen, auf höchster Stufe zum Blubbern bringen, Herdplatte ausstellen, Deckel drauf und den Reis ausquellen lassen (das macht der dann ganz von alleine).

2 Frühlingszwiebel waschen, Wurzelende abschneiden, in Ringe schneiden. Tomaten kurz in kochendes Wasser legen, rausholen, mit kaltem Wasser abschrecken und die Haut abziehen. Tomaten in Würfel schneiden, Stielansätze rausschneiden, Tomaten würfeln.

3 Zucchino und Paprika auch waschen, von dem Zucchino die Enden entfernen, Zucchino in Scheibchen schneiden. Paprika in Viertel schneiden, Trennwände und Kerne rausholen und die Paprika in dünne Streifen schneiden.

4 Champignons mit Küchenpapier sauber rubbeln, dann in Scheiben schneiden. Petersilie waschen, dicke Stiele wegwerfen, den Rest klein hacken.

5 Öl in die Pfanne und auf der Herdplatte heiß werden lassen. Nüsse rein und anrösten, dann in ein Schüsselchen schütten. Gemüse in die Pfanne, Temperatur auf höchste Stufe stellen und etwa 5 Minuten braten, immer wieder umrühren.

6 Crème fraîche und den Reis unter das Gemüse rühren, salzen und pfeffern, die Nüsse und gehackte Petersilie druntermischen und den Käse drüber streuen. Fertig! Dazu schmeckt Salat (zum Beispiel der von Seite 11).

Harry

Natürlich kann der Blues-Man mit seinen 40 Lenzen alles kochen – bevor er ins Haus einzog, war er allerdings noch nicht so sicher, ob das auch jeder essen würde! Doch schnell hat er es zum Chefkoch innerhalb der Big Brother-Truppe gebracht. Dieser leckere Reistopf ist ein wirklich unkompliziertes Essen, auch für Hobbyköche mit noch wenig Küchenpraxis. Gut für die Linie ist er obendrein!

Frikadellen

Hackfleisch ist relativ günstig, auf andere Fleischsorten muss bei Budgetknappheit verzichtet werden.

In 20 Minuten fertig!
Reicht für 2 (4)
Klappt gut
Abwaschaufwand: wenig

Dazu braucht ihr:

1 Pfanne

1/2 (1) Zwiebel
250 (500) g Hackfleisch
1 (2) Ei
2 (4) EL Semmelbrösel
Salz
Pfeffer
1 (2) EL Öl

1 Zwiebel schälen und klein hacken. In eine Schüssel geben, Hackfleisch dazu und mit den Händen verkneten, Ei hineinschlagen und die Semmelbrösel dazu. Alles mit Salz und Pfeffer würzen und gut verkneten.

2 Jetzt formt ihr aus dem Hackfleischteig 2 (4) gleich große Hackfleischklopse. Klopse noch ein bisschen plattdrückt, sodass sie wie echte Frikadellen aussehen.

3 Öl in die Pfanne, Pfanne auf die Herdplatte, Temperatur auf höchste Stufe, und wenn's heiß ist, rein mit den Frikadellen, schön nebeneinander (Achtung: zischt und spritzt).

4 Temperatur auf mittlere Stufe stellen und Frikadellen von jeder Seite etwa 5 Minuten braten, bis sie braun sind.

5 Teller rausholen, Klopse verteilen. Fertig! Eigentlich gehören dazu noch Kartoffeln oder Salat (zum Beispiel der »Tomatensalat« von Seite 17). Ihr könnt die Frikadellen aber auch einfach nur mit Senf oder Ketchup und Brot essen oder ein mit Senf bestrichenes Brötchen damit zum »Frikadellenbrötchen« machen.

Was Karim schwach macht? »Handkäs' mit Musik un' Äppelwoi!«

Karim

Frikadellen waren das erste, was der Familienmensch seiner Mutter in der Küche abgeschaut und selbst gebrutzelt hat. Pfannengerichte sind auch heute noch Karims Ding: T-Bone-Steak, Cordon bleu, Bratkartoffeln und Hackfleischsauce gibt's bei ihm. Dazu grünen Tee und hinterher einen guten iranischen Rotwein.

Schinkennudeln

In 30 Minuten fertig!
Reicht für 2 (4)
Macht echt satt
Abwaschaufwand: ziemlich wenig

Frank droht scherzhaft, ein Huhn zu schlachten, wenn es weiter so wenig zu essen gibt.

Dazu braucht ihr:

1 Topf, 1 Pfanne

Salz
200 (400) g Spiralnudeln
100 (200) g gekochter Schinken
1/2 (1) Zwiebel
1 (2) EL Butter
100 (200) g Sahne
Pfeffer
1/2 (1) Bund Schnittlauch

1 Topf bis fast unter den Rand mit Wasser füllen, etwas Salz rein, auf die Herdplatte stellen, Temperatur auf höchste Stufe stellen und zum Blubbern bringen (dann kocht's).

2 Nudeln rein, Temperatur auf mittlere Stufe stellen und Nudeln so lange, wie auf der Packung steht, weich kochen, aber bloß nicht zu weich – also al dente. (Probieren!). Dann die Nudeln in ein Sieb abgießen, und abtropfen lassen.

3 In der Zwischenzeit schon mal den Schinken in kleine Würfel schneiden. Zwiebel schälen und klein hacken.

4 Pfanne auf die Herdplatte, Butter rein, Temperatur auf höchste Stufe stellen, und wenn die Butter heiß ist, die Zwiebeln darin kurz anbraten. Schinken dazu, verrühren, dann die Sahne dazugießen. Salzen und pfeffern.

5 Temperatur auf mittlere Stufe stellen und die Sauce etwa 5 Minuten köcheln lassen.

6 Schnittlauch waschen und klein schneiden. Nudeln auf Teller verteilen, Sauce drübergießen und Schnittlauch drüberstreuen.

Frank

Was dem Food- & Beverage-Manager im Leben wichtig ist? Käse! Geschnitten oder am Stück, pur oder auf Brot, geschmolzen, gratiniert, gebacken, in Eierspeisen oder als i-Tüpfelchen nach einem guten Essen! Keine Frage, dass die Schinkennudeln bei ihm nicht solo auf den Tisch kommen, wenn's finanziell nicht so eng ist, wie von Zeit zu Zeit in der TV-WG. Der Käsehobel liegt schon parat ...

Pfannkuchen

In 20 Minuten fertig!
Reicht für 2 (4)
Super easy
Abwaschaufwand: kaum

Dazu braucht ihr:

1 beschichtete Pfanne

1/4 (1/2) l Milch
2 (4) Eier
150 (300) g Mehl
Salz
2 (4) EL Mineralwasser
Öl zum Braten
Zucker und Zimt zum Bestreuen

1 Milch in eine Schüssel gießen, Eier reinschlagen und mit einem Schneebesen so richtig kräftig miteinander verrühren. Mehl, 1 (2) Prise Salz und Mineralwasser dazu und nochmal kräftig rühren. Jetzt könnt ihr den Teig für 20 Minuten sich selbst überlassen.

2 Ein bisschen Öl in die Pfanne, Pfanne auf die Herdplatte, Temperatur auf höchste Stufe stellen und heiß werden lassen.

3 Teig mit einer Suppenkelle in die Pfanne geben, die Pfanne etwas hin- und herschwenken, damit sich der Teig in der Pfanne gleichmäßig verteilt. Temperatur auf mittlere Stufe stellen und warten, bis der Teig am Rand langsam braun wird. Dann den Pfannkuchen umdrehen (geht gut mit einem Pfannenwender) und auch von der anderen Seite goldbraun backen.

4 Pfannkuchen aus der Pfanne vorsichtig auf einen Teller gleiten lassen und mit einem Deckel zudecken, damit er warm bleibt, während ihr den nächsten Pfannkuchen backt.

5 Pfannkuchen auf Teller verteilen und mit Zucker und Zimt bestreuen. (Könnt ihr auch in einem Schüsselchen auf den Tisch stellen.)

Hanka: »Wir haben heute wieder ein reichhaltiges Angebot von gar nichts im Kühlschrank!«

Woher hat die Mandarine ihren Namen?

a) Kommt aus dem Lateinischen von Mandatum.
b) Nach der gelben Amtstracht chinesischer Staatsbeamter.
c) Eingedeutscht vom französischen Wort ‚mandrin'.

Arme Ritter

In 20 Minuten fertig!
Reicht für 2 (4)
Schmecken klasse
Abwaschaufwand: fast null

Marion macht das Feuermachen und Kochen auf dem alten Herd im Garten viel Spaß – richtig ‚back to basic'!

Dazu braucht ihr:

1 Pfanne

1 (2) Ei
1/4 (1/2) l Milch
Salz
1 (2) Päckchen Vanillinzucker
6 (12) Scheiben Toastbrot
100 (200) g Semmelbrösel
Butterschmalz zum Braten
Zimt und Zucker zum Bestreuen

1 Ei in eine Schüssel schlagen, Milch, Salz und Vanillinzucker dazu und alles schön verrühren.

2 Toasts nebeneinander auf eine große Platte legen und die Eiermilch drübergießen.

3 Semmelbrösel auf einen Teller schütten und die Toastbrotscheiben darin umherwälzen, sodass von beiden Seiten Semmelbrösel daran kleben bleiben.

4 Pfanne auf die Herdplatte, etwas Butterschmalz rein, Temperatur auf höchste Stufe stellen und heiß werden lassen. Toastscheiben ins heiße Fett legen, Temperatur auf mittlere Stufe stellen und die Toasts von beiden Seiten goldbraun braten. Bei vielen Toastscheiben müsst ihr das nach und nach machen.

5 Toastscheiben diagonal durchschneiden und auf Tellern verteilen. Mit Zimt-Zucker bestreuen. Super schmeckt dazu Apfelmus oder anderer frischer oder fertig gekaufter Kompott.

Marion

Süßschnabel Marion wären Dampfnudeln mit Vanillesauce ja lieber. Doch ganz getreu dem Motto »Back to basic« – also sparen, was das Zeug hält – muss die passionierte Reiterin mit Armen Rittern Vorlieb nehmen. Dabei ist das Essen gemeint, denn die 6 Männer sind keineswegs arm dran: Marion massiert leidenschaftlich gerne und kann es auch im Haus nicht lassen.

Snacks & Fingerfood

Wenn der kleine Hunger kommt ...

Jörg bringt es auf den Punkt: »Ich passe schon genau auf, dass ich nicht weniger abbekomme als die anderen. Deswegen knabbere ich auch, wenn die knabbern!« Wo das wohl hinführt?

Doch was sollen die Container-Bewohner auch den ganzen Tag machen? Harry skizziert den Tagesablauf ganz treffend: »Heute war richtig Action: So Frühstück, lernen und essen, Mittagessen und lernen, essen und diskutieren.« Genau, dann noch eine Runde im Whirlpool genießen und ab ins Bett. Gähn – wie gut, dass ihr euch freier bewegen dürft.

Aber der kleine Hunger oder unzähmbarer Appetit schlagen garantiert auch bei euch mal zu. Hier ein paar Ideen für den Zwischendurch-Hunger.

Schokomüsli mit Äpfeln

In 15 Minuten fertig!
Reicht für 2 (4)
Extrem easy
Abwaschaufwand: fast null

Dazu braucht ihr:

weder Topf noch Pfanne

30 (60) g Zartbitterschokolade
30 (60) g weiße Schokolade
50 (100) g Müslimischung
2 (4) Äpfel
1 (2) EL Zitronensaft
4 (8) EL Milch
200 (400) g Joghurt

1 Von beiden Schokoladensorten mit einem Sparschäler einige Späne abhobeln und beiseite legen, denn damit wird das Müsli später garniert.

2 Restliche Schokolade hacken, in eine Schüssel geben, Müslimischung dazu und mischen.

3 Äpfel waschen. 1 (2) Apfel vierteln, entkernen, in Spalten schneiden und mit Zitronensaft beträufeln. Den anderen Apfel (bzw. 2 Äpfel für 4 Portionen) vierteln, entkernen und klein würfeln.

4 Äpfel unter das Müsli mischen, in 2 Schüsselchen verteilen, mit Schokospänen garnieren und mit dem Mix aus Milch und Joghurt übergießen.

Einen richtigen Mineralstoff- und Vitaminkick versetzt ihr euch, wenn ihr 50 (100) g getrocknete Aprikosen in Streifen schneidet und druntermischt.

Warum tun sich Schweizer schwer damit, Müsli zu essen?

a) Sie vertragen als einziges Volk in Europa die Kombination von Milch mit Getreide nicht.
b) Weil Müslis Mäuschen sind.
c) Weil »Körner-Fresser« in der Schweiz nicht akzeptiert werden. Sie essen es schon, geben es aber nicht gerne zu!

Winter-müsli

In 5 Minuten fertig!
Reicht für 2 (4)
Lecker zwischendurch
Abwaschaufwand: fast null

Dazu braucht ihr:
weder Topf noch Pfanne

100 (200) g Joghurt
2 (4) Teel. flüssigen Honig
2 (4) Mandarinen
1/2 (1) Apfel
2 (4) EL Nüsse (Walnüsse, Ha-selnüsse)
4 (8) EL Getreideflocken

1 Joghurt und Honig in eine Schüssel geben und verrühren. Mandarinen und Apfel schälen. Mandarinen in Schnitze teilen und in der Mitte quer durchschneiden. Apfel ohne das Kerngehäuse klein schneiden.

2 Nüsse klein hacken und mit dem Obst, dem Joghurt und den Getreideflocken mischen.

3 Müsli in Schüsselchen verteilen. Gesunden Appetit!

Jörg: »Ich werde hier noch zum Obermüsli. So kennen mich meine Freunde gar nicht!«

51

Käse-schnittchen

In 5 Minuten fertig!
Reicht für 2 (4)
Total easy
Abwaschaufwand: fast null

Dazu braucht ihr:
weder Topf noch Pfanne

4 (8) Scheiben Baguette
4 (8) Scheiben Camembert
oder Mozzarella
Tomaten, Paprika oder Petersilie zum Dekorieren

1 Baguettescheiben im Toaster goldbraun toasten. Käsescheiben drauflegen und mit Tomaten-, Paprikastückchen oder Petersilie dekorieren.

Frisches Baguette könnt ihr auch mit Ziegenfrischkäse belegen.

Wer hat's gesagt?

1. »Alle Pizzen fliegen hoch!«
2. »Wenn der Kuchen spricht, haben die Krümel Sendepause!«
3. »Ich habe auch Hunger, aber ich bin zu faul, mich zu bewegen.«
4. »Essen war heute mal wieder gut – hat mir geschmeckt. Es gab guten Fisch.«
5. »Also ich treffe die interessanten Männer meistens beim Einkaufen oder Essen gehen.«
6. »Soll jeder sein Essen in Zukunft selbst machen, wen das mit der Extrawurst so weitergeht!«

Crostini mit Tomaten und Basilikum

In 20 Minuten fertig!
Reicht für 2 (4)
Schmeckt super lecker
Abwaschaufwand: fast null

Dazu braucht ihr:
weder Topf noch Pfanne

1 (2) Fleischtomate
1/2 (1) Bund Basilikum
1 (2) Knoblauchzehe
2 (4) Frühlingszwiebeln
1 (2) Teel. Kapern
1 (2) EL Sonennblumenöl oder Olivenöl
Salz
Pfeffer
2 (4) Scheiben Weißbrot

1 Tomate waschen, abtrocknen, halbieren, Stielansatz rausschneiden. Tomate klein schneiden. Basilikum waschen, Blättchen abzupfen. Knoblauch schälen und klein hacken. Frühlingszwiebeln waschen, Wurzelenden abschneiden und wegwerfen, Frühlingszwiebeln klein schneiden.

2 Tomaten, Knoblauch, Kapern, Frühlingszwiebeln und Öl in einen Mixer geben und zu Mus pürieren oder mit dem Pürierstab bearbeiten. Salzen und pfeffern.

3 Brotscheiben in der Mitte quer durchschneiden und im Toaster knusprig braun toasten. Tomatencreme draufstreichen und fertig! Ihr könnt die Tomaten auch unpüriert und lediglich klein gehackt auf dem Brot verteilen.

Im BB-Container gibt es keinen Toaster. Kein Problem: Man kann das Brot auch wunderbar im Backofen rösten!

Pizzaecken mit Broccoli

In 40 Minuten fertig!
Reicht für 2 (4)
Macht was her
Abwaschaufwand: echt wenig

Dazu braucht ihr:

1 Topf, 1 Backblech

1/2 (1) Packung tiefgekühlter
Pizzateig (das sind etwa
200 bzw. 450 g)
Salz
200 (400) g Broccoli
2 (4) Scheiben gekochter
Schinken
1 (2) Knoblauchzehe
70 (150) g passierte Tomaten
Pfeffer
50 (100) g geriebenen
Emmentaler
1 TL Oregano
2 (4) EL Sonnenblumenkerne
Fett für das Backblech

1 Pizzateigplatten nebeneinander legen und in etwa 10 Minuten auftauen lassen.

2 Inzwischen die Zeit sinnvoll nutzen und Topf mit Salzwasser auf den Herd setzen, zum Blubbern bringen. Broccoli in Röschen zerteilen, waschen und rein in den Topf. Nach 2 Minuten wieder rausnehmen (am besten in ein Sieb abgießen), mit kaltem Wasser abschrecken und abtropfen lassen.

3 Schinken in feine Streifen schneiden. Backofen auf 220° stellen.

4 Backblech einfetten. Knoblauchzehe durch die Presse drücken und unter die passierten Tomaten rühren. Pizzateigplatten nebeneinander drauflegen. Die Pizza mit den passierten Tomaten bestreichen. Salzen und pfeffern. Broccoli drauf verteilen und die Schinkenstreifen dazwischen streuen. Geriebenen Emmentaler mit Oregano mischen und drüberstreuen.

5 Backblech in den Backofen, mittlere Schiene und Pizza etwa 10 Minuten backen. Kurz rausholen aus dem Ofen, Sonnenblumenkerne drüberstreuen und wieder für 10 Minuten rein in den Ofen, bis der Käse zerlaufen und die Pizza goldbraun geworden ist.

6 Pizza etwas abkühlen lassen und in Dreiecke schneiden. Schmeckt auch kalt toll!

Tiefkühlten Pizzateig gibt es nicht überall. Ihr könnt genauso gut eine Backmischung für Pizzateig oder selbigen aus dem Kühlregal verwenden. Selbermachen ist auch nicht schwer: Hefeteig aus 300 g Mehl, Salz, 8 EL Öl, 1/2 Päckchen Trockenhefe und 125 ml warmem Wasser kneten. Wenn der Teig nicht mehr an den Fingern klebt, zudecken und an einem warmen Ort gehen lassen, bis er sein Volumen ungefähr verdoppelt hat (dauert ca. 45 Min). Weiter, wie oben beschrieben, allerdings nur zweimal 8 Minuten Backzeit einplanen.

Christian

Die Tiefkühltruhe beherrscht Christian von F wie Fischstäbchen bis P wie Pizza und Pommes. Alternativen zum Schockgefrosteten? Klar – Dosenfutter! Keine Bange, wenn ihr genauso kochbegabt seid wie der selbsternannte, aber im Haus total verkannte Nominator: diese Pizzaecken gelingen euch garantiert!!

Tzatziki

In 20 Minuten fertig!
Reicht für 2 (4)
Echt klasse
Abwaschaufwand: fast null

Dazu braucht ihr:
weder Topf noch Pfanne

300 (600) g Naturjoghurt
(am besten griechischer)
1/2 (1) Salatgurke
Salz
2 (4) Knoblauchzehen
1 (2) Teel. Essig
1 (2) EL Olivenöl
1 (2) Zweig frische Minze
(ersatzweise Petersilie)

1 Joghurt in eine Schüssel geben. Gurke schälen, in kleine Würfel schneiden und rein in die Schüssel mit dem Joghurt. Salzen!

2 Knoblauchzehen schälen und klein hacken. Unter den Joghurt mischen. Essig und Olivenöl dazu und schön verrühren. Mit Minzeblättchen dekorieren!

3 Am besten nicht sofort essen, auch wenn's schwer fällt, sondern noch für 10 Minuten in den Kühlschrank stellen (schmeckt nämlich gut gekühlt noch besser).

Lecker einfach als Dip zu Weißbrot oder zu Fleisch, wie z.B. den Frikadellen von Seite 40.

Frisches Brot – im Haus von den begeisterten Bäckern Harry und Nadine – schmeckt mit diesen Dipps nochmal so lecker.

Wo im Big Brother-Haus findest Du Königsbalsam?

a) auf der Pizza
b) im Garten
c) in Marions Kosmetikkoffer

Avocadodip

In 20 Minuten fertig!
Reicht für 2 (4)
Macht süchtig
Abwaschaufwand: fast null

Dazu braucht ihr:

1 kleinen Topf

1 (2) Tomate
1/2 (1) Zwiebel
1 (2) reife Avocado
2 (4) EL Zitronensaft
Salz
Pfeffer
1 (2) Becher saure Sahne

1 Tomate in einen kleinen Topf mit Wasser legen, auf den Herd stellen, bei höchster Stufe zum Kochen bringen. Wasser abgießen, Tomate kurz kalt abschrecken, dann die Haut abziehen, vierteln, dabei Stielansatz und Kerne entfernen. Tomate klein schneiden.

2 Zwiebel schälen und klein schneiden. Avocado halbieren. Kern rausnehmen, beiseite legen (wird noch gebraucht!), Fruchtfleisch aus der Schale lösen.

3 Tomate, Zwiebel und Avocado in einen Mixer geben, Zitronensaft, Salz und Pfeffer dazu und mixen, bis ein cremiges Mus entsteht. (Geht auch mit einem Pürierstab!). Mus in eine Schüssel, saure Sahne dazu und schön verrühren. Probieren, wie's schmeckt und vielleicht noch etwas nachwürzen.

4 Avocado-Dip in eine Schüssel füllen, den Kern drin verstecken (er sorgt dafür, dass der Dip nicht so schnell braun wird). Schmeckt lecker mit Tacochips oder Chicoreeblättern, Möhrenstiften oder kurz vorgegartem Blumenkohl. Ihr könnt den Acocado-Dip aber auch aufs Brot schmieren.

Bananenjoghurt mit Schokostreuseln

In 5 Minuten fertig
Reicht für 2 (4)
Super schnell fertig
Abwaschaufwand: fast null

Dazu braucht ihr:

weder Topf noch Pfanne

300 (500) g Naturjoghurt
2 (4) EL flüssigen Honig
2 (3) kleine Bananen
1 (2) EL Schokostreusel

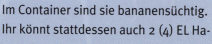

Hanka zu Daniela: »Ist du deine Banane so, um den Lippenstift nicht zu verschmieren?«

1 Joghurt in eine Schüssel, Honig dazu und alles gut verrühren. Bananen halbieren, in Scheiben schneiden und untermischen.

2 Joghurt in Schüsselchen verteilen, Schokostreusel drüberstreuen. Schon fertig!

Im Container sind sie bananensüchtig. Ihr könnt stattdessen auch 2 (4) EL Haferflocken und 1 (2) EL Rosinen oder beliebiges Obst unterrühren.

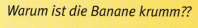

Warum ist die Banane krumm??

a) Weil niemand in den Urwald flog und die Banane gerade bog.
b) Ein Züchtungsergebnis, weil durch diese Verformung mehr Bananen an einer Stauden heranreifen können.
c) Weil die Bananen sich bei Wachstum dem Licht zuwenden.

Bratäpfel

In 30 Minuten fertig!
Reicht für 2 (4)
Sorgen für Atmosphäre
Abwaschaufwand: echt wenig

Dazu braucht ihr:
1 Pfanne mit Deckel

1 (2) EL Mandelstifte
1 (2) EL Rosinen oder Sultaninen
1 (2) Päckchen Vanillinzucker
1/2 (1) Teel. Zimt
2 (4) EL Zitronensaft
1 (2) EL weiche Butter (oder Margarine)
2 (4) Äpfel
2 (4) EL Wasser
1 (2) Becher Vanillejoghurt

1 Mandeln, Rosinen, Vanillinzucker, Zimt, Zitronensaft und Butter in eine Schüssel geben und gut verrühren.

2 Äpfel waschen und abtrocknen. Das Kerngehäuse in der Mitte kreisförmig aus dem ganzen Apfel (er darf dabei nicht kaputtgehen) rausstechen (geht am besten mit einem speziellen Apfelausstecher, ihr könnt das aber auch mit einem Messer machen).

3 Äpfel in die Pfanne setzen und mit der Mandel-Butter-Mischung füllen.

Wasser dazugießen, Deckel drauf, Temperatur auf mittlere Stufe stellen und 20 Minuten schmoren. Ab und zu mal nachgucken, ob sie schon etwas aufgeplatzt sind, dann sind sie nämlich fertig.

4 Äpfel aus der Pfanne nehmen, auf Teller verteilen und Vanillejoghurt daneben klecksen.

59

Bananen-Milch-Shake

In 5 Minuten fertig!
Reicht für 2 (4)
Für den Zwischendurchhunger
Abwaschaufwand: fast null

Dazu braucht ihr:

weder Topf noch Pfanne

2 (4) reife Bananen
200 (400) g Dickmilch
2 (4) EL zarte Haferflocken
2 (4) Teel. flüssigen Honig

1 Bananen in eine Schüssel geben und mit einer Gabel gut zerquetschen. Dickmilch dazu und schön verrühren. Haferflocken untermischen.

2 Bananenmilch in Gläser verteilen und je 1 Teelöffel Honig drüberträufeln. Schmeckt übrigens auch mit geriebenem Apfel, Zucker und Zimt.

Schmeckt auch prima, wenn ihr statt Dickmilch normale Trinkmilch verwendet. Klappt am besten, wenn ihr die Zutaten im Mixer (Deckel gut schließen!) shaket.

Wer hat's gesagt?

7. »Total super, wie in der Türkei, alle aus einem Topf!«
8. »Ich werd' euer schäbiges Verhalten beim Aufteilen der Portionen berücksichtigen!«
9. »Das ist nicht böse gemeint, aber der Fressneid ist hier größer, als man denkt.«
10. »Mir fällt ziemlich oft auf, dass ein falsches Gesicht aufgesetzt wird.«
11. »Wer will 'nen Negerkuss?«
12. »Ich hasse Fett, da pass' ich ganz arg auf.«

Schoko-Milch-Drink

In 5 Minuten fertig!
Reicht für 1 Drink
Schmeckt nach mehr
Abwaschaufwand: fast null

Dazu braucht ihr:

weder Topf noch Pfanne

1 EL Kokosraspel
1 EL Nuss-Nougat-Creme (z.B. Nutella)
200 ml kalte Milch
Schokostreusel und Kokosraspel zum Garnieren

1 Kokosraspel, Nuss-Nougat-Creme und Milch in den Mixer geben, 10 Sekunden mixen und dann in Gläser füllen.

2 Mit Schokostreuseln und Kokosraspeln garnieren, Trinkhalm rein und fertig!

Honeymoon-Drink

In 5 Minuten fertig!
Reicht für 1 Drink
Kalt und köstlich
Abwaschaufwand: gleich null

Dazu braucht ihr:

weder Topf noch Pfanne

2 EL kalten Zitronensaft
3 EL kalten Orangensaft
3 EL kalten Apfelsaft
2 EL flüssigen Honig
4 Eiswürfel

1 Zitronen-, Orangen- und Apfelsaft mit dem Honig in den Mixer geben, 10 Sekunden mixen.

2 Eiswürfel in ein hohes Glas füllen, Saftmischung draufgießen.

3 Mit einem Trinkhalm servieren. Wer will, kann auch noch ein Stückchen Apfel oder eine Orangenscheibe an den Rand stecken.

Jagertee

In 15 Minuten fertig!
Reicht für 2 (4)
Mit Vorsicht zu genießen
Abwaschaufwand: fast null

Dazu braucht ihr:

1 Topf

2 (4) Teel. schwarzen Tee (Teeblätter)
1/8 (1/4) l Rotwein
Saft von 1/2 (1) Orange
1 (2) EL Zitronensaft
1 (2) Gewürznelke
1 Stückchen Zimtstange
2 (4) EL Zucker
2 (4) EL Obstler oder Rum

1 Mit den Teeblättern in einer Kanne 1/4 (1/2) l schwarzen Tee kochen, 3–4 Minuten ziehen lassen.

2 Rotwein in den Topf schütten, Orangen- und Zitronensaft dazu, Gewürze rein, Zucker dazu und alles verrühren. Schwarzen Tee in den Topf gießen, Temperatur auf mittlere Stufe stellen und erhitzen. (Darf aber nicht kochen!)

3 Obstler oder Rum dazugießen, dann in (hitzebeständige) Gläser oder Teetassen verteilen. Fertig! Wer möchte, kann noch jeweils eine Zitronenscheibe als Deko an den Rand der Gläser stecken.

Schmeckt übrigens auch ganz ohne Alkohol: statt Rotwein und Obstler 1/8 (1/4) l Apfelsaft und noch 2 (4) EL Zitronensaft verwenden, dann wird's ein Gewürzpunsch und kein Jagertee.

Wenn Walter beim Kochen hoch konzentriert bei der Sache ist, sieht man das sofort: Seine Zunge wandert von Mundwinkel zu Mundwinkel.

Anti-Grippe-Punsch

In 10 Minuten fertig!
Reicht für 2 (4)
Extrem vitaminreich
Abwaschaufwand: fast null

Dazu braucht ihr:

1 Topf

200 (400) ml Wasser
2 (4) Teel. schwarzen Tee (Teeblätter)
2 (4) Orangen (unbehandelte Schale)
100 (200) ml Grapefruitsaft
1 (2) Teel. Sternanis
Zucker
2 (4) EL braunen Kandiszucker (oder normalen Zucker)

1 Mit dem Wasser und den Teeblättern einen Tee kochen. 5 Minuten ziehen lassen.

2 Orangen waschen, abtrocknen, Schale mit einem Sparschäler oder einem scharfen Küchenmesser fein abschälen. Orangen in der Mitte durchschneiden und auspressen.

3 Tee (ohne die Teeblätter, also am besten durch ein Sieb) in einen Topf gießen, Orangen- und Grapefruitsaft dazu und Sternanis und Zucker nach Geschmack untermischen.

4 Topf auf die Herdplatte und Temperatur auf mittlere Stufe. Punsch kurz erwärmen (soll aber nicht kochen!).

5 In Teegläser oder -tassen füllen, mit Kandiszucker und den Orangenschalen-Spiralen servieren.

Ihr könnt den Punsch auch mit grünem Tee kochen – gesünder geht's dann echt kaum noch! Aber Achtung: Grüner Tee darf nicht mit kochendem Wasser aufgegossen werden (Wasser nach dem Kochen ein paar Minuten stehen lassen) und sollte nur 2–3 Minuten ziehen, sonst schmeckt er bitter und verliert seine tollen Vitamine!

Highlights & Special Events

Sechser im Lotto? Zeit zum Kochen? Genussvoll schlemmen!

Party – es ist noch Budget da!! Da wird die Stimmung in der TV-WG merklich entspannter, wenn mal wieder so richtig nach Herzenslust zugeschlagen werden darf: Es gibt frisch Gebackenes, üppige Mahlzeiten mit Fleisch und Fisch, Gemüse und ganz dicker Käsekruste. Und Obstsalat – nicht nur für Jörg, der ihn sich in Zeiten von Schmalhans Küchenmeister so sehnlich wünscht! Sogar auf das Glas Wein oder das Bier am Abend müssen die zwölf nicht verzichten. Wir haben Gerichte von den Big Brother-Kandidaten für euch raus gepickt, die auf jeden Fall gelingen und Lust auf mehr machen, wenn ihr am Wochenende mehr Zeit zum Kochen und Genießen habt – solo oder im Freundeskreis!

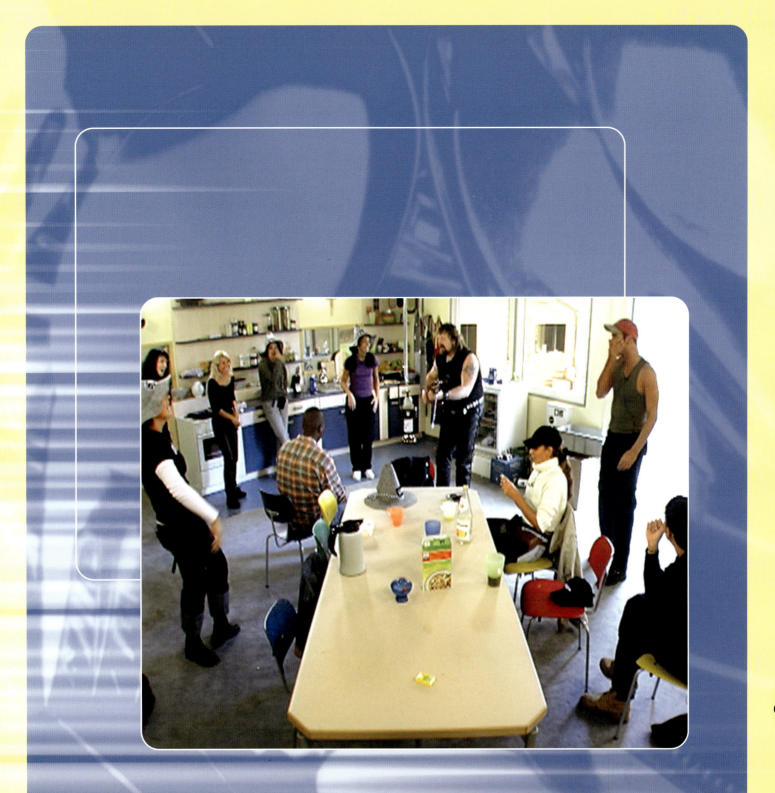

BB-Brezelteig aus der ersten Wochenaufgabe

Den Bewohnern ist der erste Teigansatz gründlich missraten, weil sie die Eier versehentlich in den Teig geknetet haben. Mehlzugabe hat ihn gerettet, er wurde zur Pizza.

Zutaten für 12 Buchstaben

500 g Mehl
1 Pck. Trockenhefe
200 ml lauwarmes Wasser
1 Prise Zucker
20 g weiche Butter
150 ml lauwarme Milch
40 g Natron (gibt's im Supermarkt bei den Backzutaten!)
grobkörniges Salz
3 Eigelb

1 Aus Mehl, Hefe, Wasser, Zucker, Milch und Butter einen Teig kneten. Die Schüssel mit einem Tuch zudecken und den Teig an einem warmen Ort solange stehen lassen, bis er sein Volumen etwa verdoppelt hat.

2 Den Teig nochmal durchkneten und in gleich große Portionen teilen. Jedes Teilstück zu einem langen Strang ausrollen.

3 Aus diesen Portionen dann die Buchstaben oder Brezeln formen und auf Alu-Folie legen.

4 In einem großen Topf Wasser mit dem Natron zum Kochen bringen. Jeden Buchstaben einzeln in das kochende Wasser hineinlegen und mit einem Schöpflöffel sofort wieder herausnehmen, wenn er an der Oberfläche erscheint. Das dauert ca. 1 Minute.

5 Den Backofen auf 220° vorheizen.

6 Buchstaben auf Alufolie legen. Mit Eigelb bestreichen und mit grobem Salz bestreuen. Ein Backblech mit Backpapier auslegen, die Buchstaben darauf legen.

7 Bevor ihr die Buchstaben backt, schüttet das restliche Natronwasser in eine Auflaufform und stellt diese auf den Boden des Backofens. Das Blech mit den Buchstaben in den Ofen (mittlere Schiene) schieben, die Backofentür sofort schließen, damit sich der Ofen mit Dampf füllt. Die Temperatur auf 200° runterdrehen und die Buchstaben 25–30 Minuten backen, bis sie braun sind.

Schmecken desto frischer umso lecker!

67

Bunte Plätzchen

In 1 Stunde fertig!
Reicht für 20 Plätzchen
Machen gute Laune
Abwaschaufwand: wenig

Dazu braucht ihr:

1 Backblech

300 g Mehl
5 Essl. Puderzucker
1 Prise Salz
2 Eigelbe
200 g kalte Butter
2-3 Essl. Wasser
Puderzucker, Liebesperlen, Schokostreusel, Gummibärchen zum Verzieren
Fett fürs Backblech

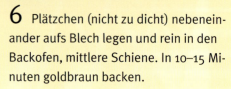

1 Mehl, Puderzucker, Salz auf den (sauberen!) Tisch aufhäufen. In die Mitte eine Mulde drücken, Eigelbe rein.

2 Butter (sie muss wirklich kalt sein, sonst wird der Teig nicht mürbe, sondern pappig) in Stückchen schneiden und auf den Mehlhaufen geben. Jetzt kneten und das Wasser dazugeben. Immer weiterkneten, bis ein glatter Teig entsteht.

3 Teig zu einer Kugel formen, auf einen Teller legen, mit Klarsichtfolie abdecken und ab in den Kühlschrank damit. Dort bleibt er für 30 Minuten sich selbst überlassen.

4 Dann etwas Mehl auf den Tisch streuen und den Teig etwa 1 1/2 cm dick darauf ausrollen (mit einem Nudelholz natürlich).

5 Backblech einfetten. Backofen auf 180° schalten. Aus dem Teig Plätzchen ausschneiden: entweder mit einem spitzen Messer alle möglichen Formen ausschneiden oder mit Ausstechern oder auch einem Trinkglas ausstechen.

6 Plätzchen (nicht zu dicht) nebeneinander aufs Blech legen und rein in den Backofen, mittlere Schiene. In 10–15 Minuten goldbraun backen.

7 Blech aus dem Ofen nehmen, Plätzchen auf einen Teller legen und kurz abkühlen lassen.

8 Etwas Puderzucker in eine Tasse geben, ein paar Tropfen Wasser dazugeben, verrühren und die Plätzchen damit bestreichen. Mit Liebesperlen, Schokostreuseln oder was ihr sonst noch so habt, verzieren.

Ihr könnt aus dem Teig auch klassische Weihnachtsplätzchen machen – also Tannenbäumchen, Sterne und so was mit den entsprechenden Ausstechern ausstechen!

Ebru

Ob Pizza, gefülltes Brot mit Schafskäse, türkische Backwaren, Brötchen oder auch mal Kekse: Backen ist ihr Ding. Ebru nascht für ihr Leben gern, deswegen darf Süßes natürlich auch in der Adventszeit nicht fehlen. Da macht es gar nichts, dass die begeisterte Tänzerin Weihnachten eigentlich gar nicht feiert.

Schon mal Elefantenläuse als Snack probiert?

a) Klar, ich stehe auf Insekten.
b) Soll ja sehr gesund sein, muss ich aber nicht haben.
c) Immer her damit, das Studentenfutter ist aus!

Sonntags-brötchen

In 1 Stunde fertig!
Reicht für 15 Brötchen
Total easy
Abwaschaufwand: echt wenig

Dazu braucht ihr:

1 Backblech

500 g Mehl
2 Teel. Backpulver
2 Teel. Salz
1 Essl. Zucker
500 g Magerquark
2 Eier
3 Essl. Milch
2 Essl. Sonnenblumenkerne
Butter fürs Backblech

1 Mehl, Backpulver, Salz und Zucker in eine Schüssel geben und mischen.

2 Quark dazu, Eier und Milch rein und alles schön verkneten (das geht super mit den Knethaken eines Handrührgeräts). Sonnenblumenkerne unter den Teig mischen.

3 Backofen auf 180° schalten. Backblech mit Butter einfetten (ihr könnt es auch stattdessen mit Backpapier auslegen, dann gibt's noch weniger abzuwaschen).

4 Aus dem Teig etwa 15 tennisballgroße Brötchen formen und nicht zu dicht nebeneinander auf das Blech legen.

5 Rein mit dem Blech in den Backofen, mittlere Schiene und die Sonntagsbrötchen etwa 30 Minuten backen, bis sie goldbraun geworden sind.

Wie heißen die lecker belegten Teigringe, die als Trend aus Amerika zu uns rüber schwappten?

a) Beigel
b) Bagel
c) Brägel

Alida-Nadine

Da ist das Containerküken sichtlich stolz: Die Brötchen, die sie am dritten Tag unter ständiger Kamerabeobachtung gebacken hat, sind richtig gut. Sie hat sich für ihre neuen WG-Mitbewohner auch viel Mühe gegeben.

Wiener Schnitzel mit Kartoffelsalat

In 30 Minuten fertig!
Reicht für 2 (4)
Klassisch, aber gut
Abwaschaufwand: echt wenig

Dazu braucht ihr:

1 Topf, 1 Pfanne

4 (8) große Kartoffeln
Salz
1/2 (1) Salatgurke
2 (4) Tomaten
1 (2) Zwiebel
1/2 (1) Bund Petersilie
1/8 (1/4) l Gemüsebrühe (fertige)
2 (4) Essl. Essig
1 (2) Teel. Zucker
Pfeffer
2 (4) Essl. Paniermehl
2 (4) Kalbschnitzel
2 (4) Essl. Pflanzenöl
1/2 (1) Zitrone

1 Kartoffeln waschen und in den Topf geben. Wasser in den Topf, sodass die Kartoffeln knapp bedeckt sind. Etwas Salz rein. Topf auf die Herdplatte, Temperatur auf mittlere Stufe und die Kartoffeln etwa 25 Minuten kochen, bis sie weich sind. Zwischendurch mal mit der Gabel reinstechen, um das zu prüfen!

2 Kartoffeln kalt abschrecken, pellen, in Scheiben schneiden und rein in eine Schüssel. Gurke schälen, in Scheiben schneiden und dazugeben. Tomaten waschen, achteln und dazugeben. Zwiebel schälen und klein hacken und ab in die Schüssel. Petersilie waschen, dicke Stiele wegwerfen, hacken, und auch in die Schüssel geben.

3 Gemüsebrühe in einem Schüsselchen mit Essig, Zucker, Salz und Pfeffer verrühren und über den Kartoffelsalat geben.

4 Paniermehl auf einen flachen Teller schütten, Schnitzel darin wenden, sodass sie überall mit Paniermehl bedeckt sind.

5 Pfanne auf den Herd, Öl rein, auf höchster Stufe heiß werden lassen, Schnitzel rein (Achtung: zischt und spritzt!), Temperatur auf mittlere Stufe stellen und die Schnitzel auf jeder Seite etwa 4 Minuten knusprig braun braten.

6 Zitrone in Viertel schneiden, Schnitzel und Kartoffelsalat auf Tellern verteilen und mit Zitronenvierteln dekorieren. (Die Zitrone kann sich dann jeder über dem Wiener Schnitzel auspressen!)

Daniela

Diäten? Never! Dafür zieht sie sich abends viel zu gerne noch ein Schnitzel mit Kartoffelsalat oder 'ne saftige Pizza mit Schinken rein. Und dennoch macht Daniela in ihren körperbetonenden Klamotten eine tolle Figur! Wollt ihr auch? Täglich mindestens zwei Stunden Sport sind ihr Geheimrezept!

Die Big Brother-Kandidaten haben ihr Wochenbudgets um 50% aufstocken können. Dafür haben Sie sich etwas ganz besonderes gegönnt. Warum rufen sie jetzt alle durcheinander: rare, medium, well done?

a) Sie unterhalten sich gerade über Cocktail-Vorlieben.
b) Sie beurteilen Harrys Figur.
c) Sie äußern ihre Wünsche für die Steaks.

Hühnerbrust mit Champignons

In 30 Minuten fertig!
Reicht für 2 (4)
Total easy
Abwaschaufwand: ziemlich wenig

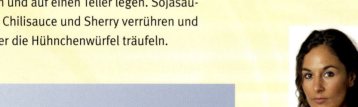

Dazu braucht ihr:

1 große Pfanne (oder Wok)

250 (500) g Hühnerbrust
2 (4) Essl. Sojasauce
1/4 (1/2) Teel. Chilisauce
3 (6) Essl. Sherry
1 (2) Zwiebel
150 (300) g Champignons
1/2 (1) rote Paprikaschote
1/2 (1) Teel. Speisestärke
2 (4) Essl. Pflanzenöl
1 (2) Teel. Essig
Salz

1 Hühnerbrust waschen, mit Küchenpapier trockentupfen, in Würfel schneiden und auf einen Teller legen. Sojasauce, Chilisauce und Sherry verrühren und über die Hühnchenwürfel träufeln.

2 Zwiebel schälen, längs halbieren und in dünne Streifen schneiden. Champignons mit Küchenpapier sauber reiben und vierteln. Paprikaschote waschen, vierteln, Trennwände und Kerne entfernen und in Streifen schneiden.

3 Hühnerfleisch in ein Sieb geben, abtropfen lassen, dabei die Sauce auffangen. Speisestärke mit der Sauce verrühren.

4 Wok (oder große Pfanne) auf den Herd, 1 (2) Esslöffel Öl rein und auf höchster Stufe erhitzen. Hühnerfleisch rein und anbraten, herausnehmen und beiseite stellen (oder beim Wok auf das Abtropfgitter legen).

5 Restliches Öl rein, Zwiebeln rein in den Wok und anbraten, Paprika dazu und etwa 1 Minute unter Rühren braten. Pilze dazugeben und alles schön braten und rühren.

6 Sauce und Essig dazu, Hühnerfleisch wieder rein und alles nochmal kurz erhitzen. Probieren und eventuell noch etwas salzen. Fertig! Dazu schmeckt Basmati-Reis (oder auch irgendein anderer).

Welches Fleisch-/gericht ist nichts für Vegetarier?

a) Hesse
b) Catsup
c) Fette Henne

Stefanie

Um eine neue Liebe um den Finger zu wickeln, würde Läster-Schwester Stefanie IHM Hähnchenfilet in Soja-Honig-Sauce servieren. Und zum Dessert empfiehlt sie frische Erdbeeren im Schokomäntelchen. Schon reizvoll. Dass es funktioniert, hat sie uns verraten, will allerdings nicht preisgeben, wie oft sie dieses Gericht schon mit nachhaltigem Erfolg auf der Speisekarte hatte.

Broccolipfanne mit Kabeljau

In 30 Minuten fertig!
Reicht für 2 (4)
Einfach gut
Abwaschaufwand: ziemlich wenig

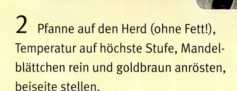

Dazu braucht ihr:

2 Pfannen (oder 1 Pfanne, 1 Wok)

150 (300) g tiefgekühlten Broccoli
1 (2) Essl. Sojasauce
1 (2) Essl. Zitronensaft
1/2 (1) Essl. Sesamöl
1 (2) Spritzer Tabasco
300 (600) g tiefgekühltes Kabeljaufilet
1 (2) Essl. Mandelblättchen
1 (2) Teel. Butterschmalz
2 (4) Essl. Gemüsebrühe (fertige)
Salz
Pfeffer

2 Pfanne auf den Herd (ohne Fett!), Temperatur auf höchste Stufe, Mandelblättchen rein und goldbraun anrösten, beiseite stellen.

3 Fischstücke in ein Sieb schütten, Sauce auffangen (die wird noch gebraucht!).

4 Große Pfanne oder Wok auf den Herd, Temperatur auf höchste Stufe, Butterschmalz rein und erhitzen. Broccoli rein und etwa 5 Minuten unter ständigem Rühren braten. Fisch dazu und nochmal etwa 5 Minuten braten, weiterrühren!

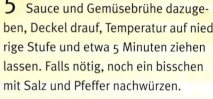

5 Sauce und Gemüsebrühe dazugeben, Deckel drauf, Temperatur auf niedrige Stufe und etwa 5 Minuten ziehen lassen. Falls nötig, noch ein bisschen mit Salz und Pfeffer nachwürzen.

6 Alles auf Tellern verteilen, Mandelblättchen drüberstreuen und fertig! Dazu schmeckt Reis.

1 Broccoli auftauen lassen. Sojasauce, Zitronensaft, Sesamöl und Tabasco in einem Schüsselchen verrühren. Fisch kurz antauen lassen, dann in Würfel schneiden und auf einen Teller geben, Sauce (nennt man auch Marinade) drüberschütten, zudecken und kurz in den Kühlschrank stellen.

Harry

Der Mann aus dem Norden vergisst über ein gutes Essen fast schon mal seine 700 Modellautos. Am liebsten sind ihm die leichte chinesische Küche und Fischgerichte – auch wenn man es Papa Schlumpf nicht ansieht. Und obwohl bei der Zubereitung schon mal die Fantasie mit ihm durchgeht, kommen die meisten Gerichte bei der Big Brother-WG gut an.

Fisch aus der Tiefkühltruhe ist

a) unbegrenzt haltbar.
b) jodreicher als frischer Fisch.
c) einfach praktisch.

Spaghetti mit Lachs

In 30 Minuten fertig!
Reicht für 2 (4)
Macht was her
Abwaschaufwand: wenig

Dazu braucht ihr:

2 Töpfe

1 (2) Zwiebel
1 (2) Knoblauchzehe
2 (4) Lachsfilets (à 150 g)
Salz
200 (400) g Spaghetti (oder Bandnudeln)
2 (4) Essl. Pflanzenöl
Pfeffer
2 (4) Tassen Weißwein (oder Gemüsebrühe)
3 (6) Essl. Crème fraîche
100 (200) g tiefgekühlten Blattspinat (vorher auftauen lassen!)

1 Zwiebel und Knoblauch schälen und klein hacken. Fisch kalt abspülen, mit Küchenpapier trockentupfen und in Würfel schneiden.

2 Topf bis fast unter den Rand mit Wasser füllen, Salz rein, Topf auf den Herd, auf höchster Stufe zum Blubbern bringen, Spaghetti rein, Temperatur auf mittlere Stufe stellen und die Spaghetti so lange kochen, wie auf der Packung angegeben. Sie sollen weich, aber nicht zu labberig sein (Probieren!). Dann in ein Sieb gießen, abtropfen lassen, zurück in den heißen Topf und zugedeckt warm halten.

3 Öl in den zweiten Topf, ab auf den Herd, Temperatur auf höchste Stufe und erhitzen. Zwiebeln rein, Knoblauch dazu, salzen und pfeffern und jetzt nach und nach den Wein dazugießen. Crème fraîche reinrühren.

4 Fischwürfel und Blattspinat dazugeben, Temperatur auf mittlere Stufe, Deckel drauf und etwa 5 Minuten köcheln. Nochmal mit Salz und Pfeffer abschmecken.

5 Spaghetti auf Teller verteilen, Lachssauce drübergeben und sofort essen!

Walter, Harry und Karim sind Fisch-Fans. Deswegen stehen bei Erreichen eines Luxus-Wochenbudgets auf der Einkaufsliste auch schon mal

a) Gambos
b) Gambas
c) Meersalat

Karim

Nach seinen Kochkünsten befragt, fallen dem Ideen-Produzenten als erstes Nudeln mit Sahne-Lachs-Sauce ein. Beim ersten romantischen Diner mit einer neuen Freundin geht der sympathische Percussion-Performer deswegen auch auf Nummer Sicher, und serviert eben jenes Gericht. Oder ist der wahre Grund, dass Lachs-Nudeln eine uns unbekannte aphrodisierende Wirkung haben? Ausprobieren!

Nudelauflauf mit Broccoli

In 1 Stunde fertig!
Reicht für 2 (4)
Macht echt satt
Abwaschaufwand: wenig

Dazu braucht ihr:

1 Topf, 1 feuerfeste Form

Salz
100 (200) g Bandnudeln
300 (600) g Broccoli
1 (2) Tomate
1/2 (1) Bund Petersilie
2 (4) Eier
3 (6) Essl. Doppelrahmfrischkäse
2 (4) Essl. geriebenen Emmentaler
Pfeffer
geriebene Muskatnuss

1 Topf bis fast unter den Rand mit Wasser füllen, Salz rein, Topf auf den Herd und auf höchster Stufe zum Blubbern bringen. Nudeln rein, Temperatur auf mittlere Stufe und nach Packungsanweisung bissfest kochen. Nudeln in ein Sieb gießen und abtropfen lassen.

2 Den Nudeltopf könnt ihr jetzt nochmal benutzen (spart Abwasch!) und halb mit Wasser füllen, Salz rein, auf den Herd und zum Kochen bringen.

3 Inzwischen Broccoli in Röschen zerteilen, diese waschen und rein ins sprudelnd kochende Wasser, aber nur für etwa 2 Minuten (nennt man blanchieren), in ein Sieb gießen und abtropfen lassen. Backofen auf 200° schalten.

4 Tomate waschen und klein würfeln. Petersilie waschen, klein hacken, dicke Stiele wegwerfen.

5 Nudeln und Gemüse in einer Schüssel mischen und in die feuerfeste Form füllen.

6 Eier in eine Schüssel schlagen, Frischkäse und Emmentaler dazu, schön verquirlen und mit Salz, Pfeffer und Muskatnuss würzen. Über die Nudeln und das Gemüse gießen. Dann ab in den Backofen und in etwa 40 Minuten goldbraun backen.

Hanka

Hanka lässt für gute Pasta-Gerichte vieles stehen und liegen. Am liebsten kombiniert sie Teigwaren mit Gemüse. Gott sei Dank steht sie auch auf kulinarische Überraschungen, denn da fällt dem Clan um Big Daddy Harry so einiges ein!

Um deinen Körper möglichst gut mit Vitaminen zu sorgen, greifst Du zu Gemüse

a) aus der Dose.
b) aus der Tiefkühltruhe.
c) das frisch vom Markt kommt.

Überbackene Putenschnitzel

In 45 Minuten fertig!
Reicht für 2 (4)
Macht was her
Abwaschaufwand: ziemlich wenig

Dazu braucht ihr:

1 feuerfeste Form, 1 Pfanne

2 (4) Essl. Olivenöl
1/2 (1) Knoblauchzehe
400 (800) g geschälte Tomaten
(aus der Dose)
Salz
Pfeffer
200 (400) g Maiskörner
(aus der Dose)
2 (4) Putenschnitzel
125 (250) g Mozzarella
1 (2) Zweig Basilikum

1 Backofen auf 200° schalten. Feuerfeste Form mit etwas Olivenöl einölen. Knoblauch schälen, klein schneiden und in der Form verteilen.

2 Tomaten rein in die Form und mit zwei Gabeln ein bisschen zerpflücken. Salzen und pfeffern! Mais in ein Sieb schütten und kurz abtropfen lassen, dann rein in die Form und mit den Tomaten mischen.

3 Putenschnitzel waschen und mit Küchenpapier abtupfen. Öl in die Pfanne, Pfanne auf die Herdplatte, Temperatur auf höchste Stufe und erhitzen. Putenschnitzel rein ins heiße Öl (Achtung: zischt und spritzt!) und von beiden Seiten 3–4 Minuten goldbraun braten. Salzen und pfeffern, dann in die Form legen.

4 Mozzarella abtropfen lassen, in Scheiben schneiden und auf die Putenschnitzel verteilen. Form in den Ofen, mittlere Schiene, und dort das Ganze sich selbst überlassen – so etwa 25–30 Minuten.

5 Inzwischen noch den Basilikumzweig waschen, Blättchen abzupfen und die überbackenen Putenschnitzel damit garnieren.
Dazu könnt ihr Reis essen oder Brot pur!

Jörg

Eines scheint die Auserwählten der zweiten Staffel zu verbinden: Sie nehmen sich tagsüber keine Zeit für ein Mittagessen, sondern schlemmen lieber am Abend. Das trifft auch auf Jörg zu, den Mann mit den Hummeln im Hintern. Wenn er sich dann die Zeit zum Kochen und Genießen nehmen kann, gönnt er sich am liebsten Putenmedaillons mit Reis. (Dabei sitzt er dann auch mal ganz still!)

Reis gelingt am besten, wenn er

a) mit der dreifachen Menge Wasser aufgesetzt wird.
b) 20 Minuten sprudelnd kocht.
c) Bei schwacher Hitze ausquellen kann.

Lauch-Quiche

In 1 1/2 Stunden fertig!
Reicht für 20 Quichestücke
Schmeckt nach mehr
Abwaschaufwand: wenig

Dazu braucht ihr:

1 Topf, 1 Backblech

300 g tiefgekühlter Blätterteig
5 Stangen Lauch
2 Essl. Butter
200 g Gorgonzola
3 Eier
150 g süße Sahne
Salz
Pfeffer
geriebene Muskatnuss

1 Blätterteig aus der Packung nehmen und in etwa 10 Minuten auftauen lassen. Backblech mit Backpapier auslegen (das spart Abwasch, ansonsten mit Fett ausfetten). Backofen auf 200° schalten.

2 Vom Lauch die Wurzelenden abschneiden, Lauch längs aufschlitzen, waschen und in Halbringe schneiden.

3 Butter in den Topf, Topf auf den Herd und auf mittlerer Stufe erhitzen, Lauch rein und etwa 5 Minuten dünsten.

4 Blätterteigplatten nebeneinander auf das Backblech legen und an den Rändern zusammendrücken. Mit dem Nudelholz drüberrollen, sodass eine einheitliche Fläche entsteht.

5 Gorgonzola in Würfel schneiden und mit den Eiern, Sahne, Salz, Pfeffer und Muskat unter den Lauch mischen. Diesen Belag dann gleichmäßig auf dem Blätterteig verteilen und ab mit dem Blech in den Backofen, mittlere Schiene. Hier bleibt die Quiche etwa 40 Minuten sich selbst überlassen, bis sie schön gebräunt ist.

6 Blech rausholen, die Quiche in 20 kleine Rechtecke schneiden. Fertig! Schmeckt auch kalt!

Welcher Käse schmilzt am besten?

a) besonders fette Käsesorten.
b) geriebener Käse.
c) Weich- und Schmelzkäse.

Marion

Mit Kochbuch gelingt Marion einfach alles. Aber auch ohne Rezept schmecken ihre Gerichte angeblich richtig gut. Ganz gleich ob gebraten, gekocht, gebacken oder kalt zubereitet.
Ihr könnt euch bei der Lauch-Quiche natürlich ans Rezept halten, aber garantiert braucht ihr es bald gar nicht mehr, denn so schwer ist Kochen und Backen gar nicht!

Obstsalat mit Vanillepudding

In 15 Minuten fertig!
Reicht für 2 (4)
Total easy
Abwaschaufwand: fast null

Dazu braucht ihr:

1 Topf

1 (2) Dose Fruchtcocktail
(à 250 g Abtropfgewicht)
2 (4) Kiwis
1 (2) Päckchen Vanille-Pudding-
pulver (für 1/2 l Milch
bzw. 1 l Milch)
3 (6) Essl. Zucker
1/2 (1) l Milch

1 Fruchtcocktaildosen öffnen, in ein Sieb gießen, Saft auffangen (könnt ihr trinken!). Früchte in eine Schüssel schütten.

2 Kiwis schälen und in Scheiben schneiden. Unter den Fruchtcocktail mischen.

3 Puddingpulver in einer kleinen Schüssel mit Zucker verrühren, dann nach und nach 6 (12) Esslöffel von der Milch dazugeben.

4 Restliche Milch in einen Topf schütten, Topf auf den Herd, Temperatur auf höchste Stufe und aufkochen (es kocht, wenn die Milch aufsteigt. Aufpassen, dass sie nicht über den Topfrand hinaus kocht!). Sofort Topf von der Herdplatte nehmen und das angerührte Puddingpulver hineinrühren.

5 Temperatur auf mittlere Stufe stellen, Topf wieder auf die Herdplatte und 1–2 Minuten kochen lassen. Rühren!

6 Eine Schüssel kalt ausspülen, Pudding rein und ab in den Kühlschrank für etwa 4 Stunden. Dann ist der Pudding fest und kann aus der Form gestürzt (oder gelöffelt) werden.

Natürlich könnt ihr den Obstsalat auch ohne den Pudding essen bzw. den Pudding nach dieser Anleitung kochen und solo essen, wenn ihr keinen Obstsalat mögt.

Viel besser schmeckt der Frucht-Cocktail natürlich mit frischen Früchten, und da sind eurer Fantasie keine Grenzen gesetzt: Kombiniert einfach munter drauf los! Vorsicht nur, wenn ihr Besuch bekommt: Nicht jeder mag Orangen, Rosinen oder Alkohol im Obstsalat.

Kaiser-
schmarren

In 30 Minuten fertig!
Reicht für 2 (4)
Super klasse
Abwaschaufwand: fast null

Dazu braucht ihr:
1 Pfanne

2 (4) Essl. Rosinen oder Sultaninen
1/2 (1) Essl. Rum
2 (4) Eier
1/8 (1/4) l Milch
1 (2) Essl. Zucker
4 (8) Essl. Mehl
1 Prise Salz
1 (2) Essl. Butter
Puderzucker zum Drüberstäuben

1 Rosinen in ein Schüsselchen geben und mit Rum beträufeln.

2 Eier in Eigelb und Eiweiß trennen. Milch, Zucker und Eigelbe in eine Rührschüssel, Mehl dazu und schön verquirlen (geht am besten mit dem Handrührgerät).

3 Eiweiße in einen Rührbecher, Salz dazu und steif schlagen. Vorsichtig unter den Teig rühren.

4 Butter in die Pfanne, Pfanne auf den Herd, Temperatur auf höchste Stufe und erhitzen, Teig rein, etwa 5 Minuten backen. Rosinen drüberstreuen, weiterbacken, bis die Teig-Unterseite fester geworden ist (am besten mit einem Pfannenwender mal kurz hochheben und nachgucken).

5 Dann wenden, Temperatur auf niedrige Stufe, und auf der anderen Seite in etwa 5 Minuten fertig backen. Dabei den Eierkuchen mit zwei Gabeln auseinander reißen, damit's ein echter Schmarren wird.

6 Auf Tellern verteilen und Puderzucker drüberstäuben. Dazu schmeckt Pflaumenkompott oder Apfelmus.

Den Kaiserschmarrn kriegt ihr auch bei Ebbe in der Kasse hin! Harry und Walter machen es vor!

Daniela

Daniela – die Lady für jede Pastaparty!

<u>Alter & Sternzeichen</u>: 31, Löwe
<u>Hobbys</u>: Sport, Sport und nochmal Sport, Kosmetik
<u>Lebensmotto</u>: Aus allem das Beste machen

Und jetzt geht es ums Essen

<u>Lieblingsgerichte</u>
Spaghetti Napoli und gemischter Salat mit Putenstreifen

<u>Lieblingsgetränke</u>
Cola, wegen des Sports trinke ich aber auch viel Wasser.

<u>Das erste, was Du kochen konntest, waren ...</u>
Spaghetti – ist nach wie vor das einfachste! Bald folgten Kartoffeln, Spinat und Eier, Schnitzel und Kartoffelsalat, Hähnchenschlegel mit Reis.

<u>Rendezvous – Dein neuer Schatz kommt zum ersten Mal zum Essen zu Dir. Es gibt ...</u>
Spaghetti (natürlich) und Salat. Als Dessert Obstsalat mit Rum und Mandelplättchen.

<u>Trister Alltag in Nürnberg, was kommt bei Dir auf den Tisch?</u>
Abends 'ne schöne Pizza, z.B. Pizza Schinken.

<u>Wie sieht Dein Sonntagvormittag aus?</u>
Erst mal lange ausschlafen, dann zum Frühstück ins McDonald's!

<u>Du wirst zum Essen eingeladen, man trifft Dich dann beim ...</u>
In-Mexikaner – sehen und gesehen werden!

<u>Naschen! Lieber Früchte oder Süßes?</u>
Bananen, Äpfel oder Kiwi

Gleich am ersten Tag im Big Brother-Haus sorgt Daniela zusammen mit Marion dafür, dass es etwas Köstliches zu essen gibt: Pasta, was sonst?!

Jörg

Jörg – The Lolli-Man

<u>Alter & Sternzeichen</u>: 31, Wassermann
<u>Hobbys</u>: Tanzen, Schwimmen & TV
<u>Lebensmotto</u>: Alles kann, nix muss!

Und jetzt geht es ums Essen:

<u>Lieblingsgerichte</u>
Pasta mit Pesto, Heidelbeersahnejoghurt

<u>Lieblingsgetränke</u>
Kakao, Campari-Soda ohne Eis, Caipirinha, Weißweinschorle oder Cidre

<u>Das erste, was Du kochen konntest, waren ...</u>
Spaghetti mit Tomatensauce, Pudding. Heute koche ich alles außer großen Braten.

<u>Rendezvous – Dein neuer Schatz kommt zum ersten Mal zum Essen zu Dir. Es gibt ...</u>
Steaks, Mangold-Gemüse, Obstsalat, Campari-Soda

<u>Trister Alltag in Dresden, was kommt bei Dir auf den Tisch?</u>
Putenmedaillons mit Reis, wahrscheinlich abends!

<u>Wie sieht Dein Sonntagvormittag aus?</u>
Lange schlafen, falls ich dann noch frühstücke, mag ich Honig, Milchkaffee und Joghurt.

<u>Du wirst zum Essen eingeladen, man trifft Dich dann beim ...</u>
Italiener. Mindestens ein Mal im Monat ist McDonald's angesagt!

<u>Naschen! Lieber Früchte oder Süßes?</u>
Äpfel und Kirschen – Marzipan und Toffifee.

Der Mann »mit dem großen handwerklichen Geschick« testet erst ein paar Tage die Kochkünste seiner Mitbewohner, bevor er dann auch mit Spaghetti und Sauce aus frischen Tomaten seinen Einstand als Koch feiert.

Ebru

Ebru – Die tanzende Bäckerin

<u>Alter & Sternzeichen</u>: 23, Schütze
<u>Hobbys</u>: Tanzen, Reisen, Musik, Fotografieren
<u>Lebensmotto</u>: Bleib' Dir selbst treu!

Und jetzt geht es ums Essen

<u>Lieblingsgerichte</u>
Alles außer Innereien (Leber, Niere, Pansen(?!).

<u>Lieblingsgetränke</u>
Weißwein (Chardonnay), Kaffee, Kakao und Fruchtsäfte

<u>Das erste, was Du kochen konntest, waren ...</u>
Nudeln, Reis - und Kaffee!

<u>Rendezvous – Dein neuer Schatz kommt zum ersten Mal zum Essen zu Dir. Es gibt ...</u>
Ich kann nicht besonders gut kochen, dafür backe ich aber super gerne. Ich würde ihm eine Pizza backen.

<u>Trister Alltag in Mülheim, was kommt bei Dir auf den Tisch?</u>
Ich esse meistens abends. Was, ist fast egal, es darf nur nicht schwer im Magen liegen.

<u>Wie sieht Dein Sonntagvormittag aus?</u>
Lange schlafen muss nicht sein, aber gemütlich Frühstücken. Dabei darf der Kaffee nicht fehlen.

<u>Du wirst zum Essen eingeladen, man trifft Dich dann beim ...</u>
Griechen, Italiener, Türken, Chinesen – oder vielleicht einfach bei McDonald's?

<u>Naschen! Lieber Früchte oder Süßes?</u>
Lieber Süßigkeiten - Schokolade! Aber auch Bananen, Äpfel, Birnen oder Erdbeeren.

Obwohl beim ersten Kochexperiment im Container ihre Pizzabrötchen ‚etwas dunkel' geraten, verwöhnt Ebru ihre Mitbewohner weiterhin am liebsten mit leckerer Pizza.

Christian

Marion

Harry

Christian – Mr. Freeze (»Nicht ohne meine Kühltruhe!«)

<u>Alter & Sternzeichen:</u> 28, Fische
<u>Hobbys:</u> Kampfsport, Spiele jeder Art, Basketball, Coktailmixen
<u>Lebensmotto:</u> Just do it!

Und jetzt geht es ums Essen

<u>Lieblingsgericht</u>
Spaghetti Carbonara

<u>Lieblingsgetränke</u>
Gin Tonic, Cocktails, Weißwein im Sommer, roten im Winter

<u>Das erste, was Du kochen konntest, waren …</u>
Ravioli – Dose auf, kochen, essen, fertig!

<u>Rendezvous – Dein neuer Schatz kommt zum ersten Mal zum Essen zu Dir. Es gibt …</u>
Auf jeden Fall viel, und das an einem gut gedeckten Tisch und dazu Sekt oder Wein.

<u>Trister Alltag in Herne, was kommt bei Dir auf den Tisch?</u>
Ich esse mittags und abends, dann aber in Maßen. Am liebsten mag ich leichte, warme und kalte Speisen.

<u>Wie sieht Dein Sonntagvormittag aus?</u>
Lange schlafen, dafür statt Frühstück dann ein ausgiebiges Mittag- oder Abendessen. Wenn ich früher wach bin, gehe ich Frühstücken.

<u>Du wirst zum Essen eingeladen, man trifft Dich dann …</u>
auf jeden Fall nicht bei Nouvel Cuisine oder Sushi. Da gibt's für viel Geld nur 'nen Happs!

<u>Naschen! Lieber Früchte oder Süßes?</u>
Keine Süßigkeiten! Auf jeden Fall Obst: Bananen, Birnen, Pflaumen, Trauben, Äpfel …

Christian beherrscht nur Tiefkühl- und Dosenkost. Trotzdem steht im Big Brother-Haus außer Frage, dass er sofort anpackt, wenn Not am Mann ist.

Marion – die trickreiche Hausfrau

<u>Alter & Sternzeichen:</u> 28, Stier
<u>Hobbys:</u> Reiten, ihr Hund, Tanzen, Strippen
<u>Lebensmotto:</u> Lebe heute, nicht Morgen!

Und jetzt geht es ums Essen

<u>Lieblingsgerichte</u>
Dampfnudeln mit Vanillesauce und Ofenschlupfer

<u>Lieblingsgetränke</u>
Milchkaffee, Beerenwein, Cocktails und grüner Tee

<u>Das erste, was Du kochen konntest, war …</u>
Grießbrei – und Spiegelei auf der umgedrehten Stehlampe mit meiner Kinderbratpfanne.

<u>Rendezvous – Dein neuer Schatz kommt zum ersten Mal zum Essen zu Dir. Es gibt …</u>
Da Liebe durch den Magen geht, würde ich etwas beim Chinesen holen und behaupten, ich hätte selbst gekocht!

<u>Trister Alltag in Reutti, was kommt bei Dir auf den Tisch?</u>
Nur Frühstück. Zum Mittag- und Abendessen habe ich keine Zeit.

<u>Wie sieht Dein Sonntagvormittag aus?</u>
Lange schlafen, dann frühstücken. Am liebsten Brunch mit allem von herzhaft-pikant bis süß!

<u>Du wirst zum Essen eingeladen, man trifft Dich dann …</u>
im Pfannkuchenhaus oder beim Chinesen.

<u>Naschen! Lieber Früchte oder Süßes?</u>
Eindeutig Obst: Bananen, Erdbeeren, Kiwi, Pflaumen, Himbeeren, Lychee und andere exotische Früchte.

Marion kann nach eigenen Angaben kochen, und es soll auch schmecken, was sie ohne Kochbuch brutzelt. Auch wenn andere kochen, gibt sie gerne »ihren Senf« dazu.

Harry – Papa Schlumpf & Maître de cuisine

<u>Alter & Sternzeichen:</u> 40, Zwillinge
<u>Hobbys:</u> Musik, Modellautos, sein Bike, Familie
<u>Lebensmotto:</u> Alles kein Problem!

Und jetzt geht es ums Essen

<u>Lieblingsgerichte</u>
Chinesische Küche, außerdem Lachs mit Senfsauce, geräucherte Forellen

<u>Lieblingsgetränke</u>
Cola-Whisky, Tee, Orangensaft, Cola.

<u>Das erste, was Du kochen konntest, war …</u>
Hasenbraten mit Rotkohl und Kartoffeln! – Mein Papa war krank und die Zutaten mussten verarbeitete werden (man konnte es essen).

<u>Rendezvous – Dein neuer Schatz kommt zum ersten Mal zum Essen zu Dir. Es gibt …</u>
Scampis in Knoblauchbutter gebraten mit reichlich Salat. Dazu süßen Rotwein.

<u>Trister Alltag in Rundhof, was kommt bei Dir auf den Tisch?</u>
Mittagessen ist mir wichtig, was, ist egal. Hauptsache es schmeckt!

<u>Wie sieht Dein Sonntagvormittag aus?</u>
Am liebsten lange ausschlafen und dann gemütlich frühstücken: Käse, Krabbensalat, Ei, Fleischsalat, Tomaten, Mozzarella, Schokocreme, Marmelade, …

<u>Du wirst zum Essen eingeladen, man trifft Dich dann beim …</u>
Chinesen oder Griechen.

<u>Naschen! Lieber Früchte oder Süßes?</u>
Orangen, Pampelmusen, Bananen genauso gerne wie Rittersport Trauben-Nuss, Mars

Im Haus hat Harry seine Finger eigentlich immer im Spiel, wenn es ums Essenkochen geht! Von Anfang an – ob es daran liegt, dass der gelernte Metzger dem küchentechnischen Geschick seiner Mitbewohner eher skeptisch gegenübersteht?

89

Hanka

Karim

Stefanie

Hanka – die Feinschmeckerin

<u>Alter & Sternzeichen:</u> 31, Widder
<u>Hobbys:</u> Zeichnen, Sport, Fotografieren
<u>Lebensmotto:</u> Wo Du bist, bist Du vorn; wer mit Dir will, muss Dir folgen!

Und jetzt geht es ums Essen

<u>Lieblingsgerichte</u>
Vieles aus der französischen und japanischen Küche – leicht, originell, vielfältig und immer wieder überraschend!

<u>Lieblingsgetränke</u>
Champagner, Tequila, Pernod mit Wasser

<u>Das erste, was Du kochen konntest, waren ...</u>
Quarkkeulchen, die hat mir meine Omi in den Ferien beigebracht.

<u>Rendezvous – Dein neuer Schatz kommt zum ersten Mal zum Essen zu Dir. Es gibt ...</u>
Da ich nicht als Hausputtel dastehen möchte, ganz bestimmt nichts Aufwändiges.

<u>Trister Alltag in Dresden, was kommt bei Dir auf den Tisch?</u>
Erst abends ist Zeit zum Essen: Carpaccio, Austern, frische Garnelen mit Dip, Artischocken o.ä.

<u>Wie sieht Dein Sonntagvormittag aus?</u>
Lange schlafen, aber dann trotzdem frühstücken! Gerne mit Schwarzbrot, Käse, Gemüse und Ei. Keinesfalls helles Brot und Süßes.

<u>Du wirst zum Essen eingeladen, man trifft Dich dann beim ...</u>
Japaner oder Chinesen.

<u>Naschen! Lieber Früchte oder Süßes?</u>
Noch lieber mag ich eigentlich Gemüse. Ansonsten Obst: Trauben, Orangen, Pfirsiche, Birnen.

Die Frau, die im Job täglich ihren Mann stehen muss, überlässt das Werkel in der Küche der TV-WG gerne den anderen. Es läuft ja ...

Karim – Mr. Hot Chocolate

<u>Alter & Sternzeichen:</u> 28, Schütze
<u>Hobbys:</u> Percussion, TV, Flirten
<u>Lebensmotto:</u> Das Leben ist viel zu kurz, um allein zu sein!

Und jetzt geht es ums Essen

<u>Lieblingsgericht</u>
T-Bone-Steak

<u>Lieblingsgetränke</u>
Iranischer Rotwein und grüner Tee

<u>Das erste, was Du kochen konntest, waren ...</u>
Frikadellen.

<u>Rendezvous – Dein neuer Schatz kommt zum ersten Mal zum Essen zu Dir. Es gibt ...</u>
Nudeln mit Sahne-Lachs-Sauce.

<u>Trister Alltag in Frankfurt, was kommt bei Dir auf den Tisch?</u>
Wenn ich abends esse, am liebsten Cordonbleu mit Bratkartoffeln und Jägersauce.

<u>Wie sieht Dein Sonntagvormittag aus?</u>
Ausschlafen! Tee und warmen Toast zum Frühstück.

<u>Du wirst zum Essen eingeladen, man trifft Dich dann im ...</u>
Steakhouse.

<u>Naschen! Lieber Früchte oder Süßes?</u>
Eigentlich alle Früchte außer Kiwi. Am liebsten Nektarinen, Bananen und Erdbeeren.

Karim macht sich immer wieder in der Küche nützlich, vertraut dabei aber lieber auf die Zusammenarbeit mit den »Profis« Harry und Frank, als selber das Kommando zu übernehmen.

Stefanie – Die Grenzgängerin

<u>Alter & Sternzeichen:</u> 34, Jungfrau
<u>Hobbys:</u> Sport, Singen, Lesen, Lästern
<u>Lebensmotto:</u> Alles wird gut, leb' jeden Augenblick bewusst!

Und jetzt geht es ums Essen

<u>Lieblingsgerichte</u>
Sushi, Pasta in allen Variationen

<u>Lieblingsgetränke</u>
Mojito, frische Säfte

<u>Das erste, was Du kochen konntest, waren ...</u>
Fischstäbchen Spinat und Kartöffelchen.

<u>Rendezvous – Dein neuer Schatz kommt zum ersten Mal zum Essen zu Dir. Es gibt ...</u>
Hähnchenfilet in Soja-Honig-Sauce und Erdbeeren in Schokolade gedippt.

<u>Trister Alltag in Köln, was kommt bei Dir auf den Tisch?</u>
Irgendein leckeres Abendessen. Hauptsache, es schmeckt!

<u>Wie sieht Dein Sonntagvormittag aus?</u>
Lange ausschlafen und dann lecker frühstücken!!

<u>Du wirst zum Essen eingeladen, man trifft Dich dann beim ...</u>
Italiener oder in irgendeinem kleinen, romantisch-ruhigen Restaurant. Manchmal geht es mir aber auch ums Sehen und Gesehenwerden.

<u>Naschen! Lieber Früchte oder Süßes?</u>
Obst! Kirschen, Mandarinen, Ananas, Himbeeren oder Äpfel

Steffi kocht richtig gut, sagen ihre Mitbewohner. Dementsprechend oft steht sie in der Küche, schnippelt, kocht und probiert.

Walter

Walter – ganz ein Süßer!

<u>Alter & Sternzeichen</u>: 24, Waage
<u>Hobbys</u>: Sport, Schreiben (von Märchen bis Drehbücher)
<u>Lebensmotto</u>: Ein Jahr ohne eine Träne der Freude oder der Trauer ist ein verlorenes Jahr!

Und jetzt geht es ums Essen

<u>Lieblingsgerichte</u>
Fondue – das geselligste aller Essen. Für mich ist Essen mehr als nur der Akt der Nahrungsaufnahme. Ich esse mit allen Sinnen.

<u>Lieblingsgetränke</u>
Cuba libre spiced, Hemmingwayspecial

<u>Das erste, was Du kochen konntest, war …</u>
Wiener Schnitzel – allerdings habe ich damals das Fleisch anstatt in Mehl, Ei und Brösel auch in Salz getaucht!!

<u>Rendezvous – Dein neuer Schatz kommt zum ersten Mal zum Essen zu Dir. Es gibt …</u>
ein 5-Gänge-Menü, mit Mousse au chocolat zur Krönung.

<u>Trister Alltag in Graz, was kommt bei Dir auf den Tisch?</u>
Am liebsten Nudelgerichte (aller Art), im Wok zubereitete Speisen, Risottos, leckere Toasts.

<u>Wie sieht Dein Sonntagvormittag aus?</u>
So lange schlafe ich nicht, frühstücke lieber gemütlich mit allem drum und dran.

<u>Du wirst zum Essen eingeladen, man trifft Dich dann …</u>
in meinem Lieblingsrestaurant am Wörthersee. Oder beim Inder.

<u>Naschen! Lieber Früchte oder Süßes?</u>
Süßigkeiten von Kinderschokobons bis Sachertorte.

Wenn Walter kocht, siht das manchmal komisch aus, da er mit chirurgischer Präzision vorgeht.

Alida-Nadine

Alida-Nadine – Miss Basic-Cooking

<u>Alter & Sternzeichen</u>: 23, Zwillinge
<u>Hobbys</u>: Shoppen, Sport, Reisen, Schauspielerei
<u>Lebensmotto</u>: Lieber schnell ans Ziel als langsam am Ende!

Und jetzt geht es ums Essen

<u>Lieblingsgerichte</u>
Geschnetzeltes, Kartoffelpüree, Broccoli

<u>Lieblingsgetränke</u>
Wodka-Cola, Pina Colada und Bier

<u>Das erste, was Du kochen konntest, war …</u>
Wasser! Ist das ein Gericht? Spiegeleier, Fischstäbchen, Kartoffelpüree (aus der Tüte).

<u>Rendezvous – Dein neuer Schatz kommt zum ersten Mal zum Essen zu Dir. Es gibt …</u>
mich, nackt auf der Heizung! Ansonsten: Schweinemedaillons in Zwiebel-Rahmsauce, Kroketten und frisches Gemüse, in Butter geschwenkt. Schoko-Pudding mit Vanillesauce.

<u>Trister Alltag in Eichwalde, was kommt bei Dir auf den Tisch?</u>
Mittags irgend etwas Warmes mit Huhn.

<u>Wie sieht Dein Sonntagvormittag aus?</u>
Am Wochenende wird ausgeschlafen und das Frühstück verschoben. Aber, wenn Frühstück, dann richtig.

<u>Du wirst zum Essen eingeladen, man trifft Dich dann beim …</u>
Chinesen oder Griechen. Ich mag aber auch die deutsche Küche.

<u>Naschen! Lieber Früchte oder Süßes?</u>
Beides, Schokolade hat einen leichten Vorsprung.

Alida-Nadine ist schon ganz schön aufgeregt, als sie das erste Mal für ihre neuen WG-Genossen Brötchen bäckt.

Frank

Frank – der Milchreis-Fan

<u>Alter & Sternzeichen</u>: 27, Krebs
<u>Hobbys</u>: Sport, Reisen
<u>Lebensmotto</u>: Ich bereue nichts!

Und jetzt geht es um Essen

<u>Lieblingsgerichte</u>
Milchreis, Mamas Sauerbraten

<u>Lieblingsgetränke</u>
Bier, Gin tonic, Champagner, Sekt, Apfelsaftschorle

<u>Das erste, was Du kochen konntest, war …</u>
Vanille-Pudding.

<u>Rendezvous – Dein neuer Schatz kommt zum ersten Mal zum Essen zu Dir. Es gibt …</u>
Tomate-Mozzarella, Curryreis und Geflügel oder Spaghetti mit heller Sauce, zum Dessert Milchreis und schließlich einen Käseteller. Käse ist wichtig für mich!!

<u>Trister Alltag in Renich, was kommt bei Dir auf den Tisch?</u>
Im Alltag gibt es bei mir keine festen Essenszeiten. Ich esse immer zwischendurch.

<u>Wie sieht Dein Sonntagvormittag aus?</u>
Wenn ich alleine bin, gibt's kein Frühstück. Bei Verabredungen: ein schönes, langes Frühstück.

<u>Du wirst zum Essen eingeladen, man trifft Dich dann …</u>
irgendwo, wo ich gute Küche und einen gut sortierten Weinkeller vorfinde.

<u>Naschen! Lieber Früchte oder Süßes?</u>
Süßigkeiten: Raffaelo, Erdnussschokolade, Oreo Coores

Wenn einer mit allen hausmännlichen Fähigkeiten gesegnet ist, dann Frank, der Food- & Beverage-Manager, der schon in der Gastronomie groß geworden ist. Trotzdem muss er sich beim Salatputzen von Marion anhören, verschwenderisch zu sein.

Auflösung zu den Fragen

Warum ist die Banane krumm??
Bestimmt ist schon jemand im Urwald gewesen und hat es versucht – so alt, wie dieser Spruch schon ist. Hat aber nichts gebracht! Teilweise richtig ist **c) weil die Bananen sich bei Wachstum dem Licht zuwenden.** Davon ist man viele Jahre ausgegangen, denn zunächst wachsen die kleinen Bananen unter dem Schutz der Blätter heran. Sobald die Blütenblätter abgeworfen sind, wenden Sie sich scheinbar dem Licht zu. Tatsache aber ist, dass ein Wachstumshormon dafür sorgt, dass die Bananen entgegen der Schwerkraft wachsen, sich deswegen nach oben biegen. Apropos Kuriositäten: Botanisch gesehen ist die Banane eine Beere!

Wo im Big Brother-Haus findest Du Königsbalsam?
Hier sind die Antworten **a) auf der Pizza** und **b) im Garten** richtig. Hinter dem »Königsbalsam« verbirgt sich die Würzpflanze Basilikum. Und Kräuter hat es im BB-Garten jede Menge. Echte Fit-Food!
Klasse für Pesto zu Spaghetti, grüne Sauce, Salatdressings, Tzatziki, Suppen und so weiter, eigentlich sind euch da kaum Grenzen gesetzt!

Welche der folgenden in Deutschland sehr beliebten Gerichte stammt ursprünglich aus Ebrus Heimat?
Na, habt ihr an Falafel gedacht und euch von uns aufs Glatteis führen lassen? Antwort **c) Lâchmacun** ist richtig!
Lâchmacun sind dünne, im Ofen gebackene Fladen mit Hackfleisch.
In der jüdischen Küche findet ihr »Farfel«: als Suppeneinlage aus Ei, Mehl und Salz. Und von »Faferl« sprechen die Österreicher, wenn sie Teigtaschen oder Spätzle meinen.

Welches Fleisch-/gericht ist nichts für Vegetarier?
a) Hesse, das Fleisch vom Unterschenkel des Rinds – gut für Gulaschgerichte, wäre die richtige Antwort gewesen.
Denn »catsup« hat wirklich nichts mit Katzensuppe zu tun; es handelt sich schlichtweg um eine dickliche Würzsauce auf Tomatenbasis. Auch Ketchup geht ursprünglich auf diese ostindische Würzpaste zurück. Und »Fette Henne« ist kein Geflügelgericht, sondern ein Speisepilz.

Welcher Käse schmilzt am besten?
Hättet ihr gedacht, dass **a) besonders fette Käsesorten** am besten schmelzen? Für Gratins und Pizza wählt ihr am besten Gouda, Emmentaler oder auch Mozzarella mit mehr als 40% F.i.Tr.
Wie schnell der geriebene Käse schmilzt, hängt auch vom Fettgehalt ab. Aber um Weich- und Schmelzkäse zum Verlaufen zu bringen, bedarf es schon besonderer Tricks: Vom Weichkäse muss vorher die Rinde entfernt werden, und Schmelzkäse zerläuft nur, wenn er zuvor in etwas Milch oder Sahne erhitzt wird.

Fest kochende Kartoffeln eignen sich am besten für
b)Brat- und Pellkartoffeln. Unser Tipp: die Sorte Nicola.
Für Kartoffelsalate sind vorwiegend festkochende Kartoffeln, wie die Sorten Sieglinde oder Ratte, empfehlenswerte, weil sie die Sauce besser annehmen und nicht so matschen, wie mehlig kochende Kartoffeln. Diese, z.B. Sorte Pompadur, solltet ihr zu Hause haben, wenn es eine Kartoffelsuppe oder Kartoffelpüree geben soll.

Es gibt eine einfach Faustregel, damit Spaghetti todsicher gelingen
a) Pro 100 g Nudeln nehme man 1 l Wasser und 1 TL Salz. Die Sache mit dem Öl ins Wasser, damit die Spaghetti nicht verkleben, ist Blödsinn. Der einzige Effekt ist, dass euch die Spaghetti mitsamt Sauce von der Gabel flutschen (Schlabberlätzchen nicht vergessen!).
Und auch die Unsitte, die Pasta nach dem Abgießen unter fließend kaltem Wasser abzuschrecken, ist nicht stilecht. Sinnvoll ist das bei Weiterverarbeitung zu Salaten oder Aufläufen. Andernfalls gilt: Ab in die Sauce mit den Teigwaren!

Um deinen Körper möglichst gut mit Vitaminen zu sorgen, greifst du zu Gemüse
b) aus der Tiefkühltruhe. Denn das wird direkt nach der Ernte schockgefrostet. Die Vitamine bleiben nahezu voll erhalten. Verluste gehen dann ganz allein aufs Konto der Zubereitungsmethode.
Auch Gemüse aus der Dose ist oft noch die bessere Alternative zu frischem Gemüse vom Supermarkt. Wenn ihr zum Beispiel Pizza backen oder Tomatensauce kochen wollt, nehmt ruhig die Baumtomaten aus der Dose: Die sind aromatischer! Das heißt aber nicht, dass ihr auf Gemüse vom Bauern oder aus dem Garten verzichten sollt. Frischer als selbstgeerntet und »von der Hand in den Mund« geht es nun wirklich nicht!

Reis gelingt am besten, wenn er
c) bei schwacher Hitze ausquellen kann. Wird er mit der dreifachen Menge Wasser aufgesetzt wird, habt ihr hinterher das Problem, ihn irgendwie abgießen zu müssen. Er saugt nur die doppelte Menge Wasser auf, bis er gar ist.

Wie nennt man das sanfte und vitalstoff-schonende Garen von Nahrungsmitteln in siedendem Wasser?
c) Pochieren, das heißt langsam Garen bei Temperaturen unter dem Siedepunkt (70–95°). Geeignet ist diese geschmack-freundliche Garmethode für Eier, Klöße, Geflügel, Fisch, Austern, Eierstich, Saucen und einiges mehr.
Blanchieren bedeutet hingegen, das Lebensmittel – meist Obst oder Gemüse – nur ganz kurz in kochend heißes Wasser zu tauchen und sofort wieder kalt abzuschrecken. Das tötet Enzyme (z.B. Kiwi!) oder Fermente ab, kräftigt die Farbe, mildert unangenehmen Eigengeschmack (z.B. Kohl) und macht Früchte und Gemüse etwas weicher, ohne die Vitamine so stark abzubauen, wie das Kochen. Anschwitzen bedeutet das Kochgut im heißen Fett bei geringer Hitzezufuhr anzudünsten, bis es etwas Farbe annimmt. Wird euch in Rezepten immer wieder bei Zwiebeln und Knoblauch begegnen.

Die Big Brother-Kandidaten haben ihr Wochenbudgets um 50% aufstocken können. Dafür haben Sie sich etwas ganz besonderes gegönnt. Warum rufen sie jetzt alle durcheinander: rare, medium well done?
Natürlich geht es um **c) das Steak.** Rare = blutig, sehr englisch, dann ist der Kern des Steaks noch richtig blutig, außenrum ist es schon leicht angebraten und dadurch rosa. Medium = mittel durchgebraten, das Fleisch ist durch und durch rosa. Well done = ganz durchgebraten. Dunkelbraun oder schuhsohlenartig ledrig sollte es aber dann doch noch nicht sein!

Kartoffeln, Tomaten, McDonalds, was haben diese drei gemeinsam?
Sowohl die beiden Nachtschattengewächse wie auch der Fast Food-Riese haben **b) ihren Siegeszug in den USA angetreten.** Zwar stehen viele der Big Brother-Clique auf Kartoffeln und Tomaten, doch bei Fast Food scheiden sich die Geister.

Fisch aus der Tiefkühltruhe ist
c) einfach praktisch. Jod ist ein Spurenelement, das im Gegensatz zu Vitaminen durch Lagerung nicht abgebaut wird. Deswegen stehen sich Frischfisch und TK-Fisch im Jodgehalt in nichts nach.
Unbegrenzt haltbar ist der Fisch aus dem Eisfach allerdings nicht: Nach 2–5 Monaten sollte man ihn nicht mehr essen. Je fetter, desto kürzer die Haltbarkeit (auf der Verpackung steht, wie lange der Fisch aufbewahrt werden darf!)

Wie heißen die lecker belegten Teigringe, die als Trend aus Amerika zu uns rüber schwappten?
b) Bagel, natürlich. Das sind die kleinen Ringe aus Hefeteig, die ein jüdischer Bäcker aus New York erfunden hat. Könnt ihr einmal quer durchschneiden und nach Herzenslust belegen!
Beigel ist ein österreichischer Begriff für die Flügel oder Schenkel vom Backhendl. Und der Begriff Brägel kommt aus dem Badischen. Brägel steht generell für Angebratenes, das können z.B. Kartoffeln oder Nudeln sein.

Die beliebten Teigrollen aus Italien heißen
a) Makkaroni. Das sind sozusagen dickere Spaghetti mit Loch in der Mitte.
Cannelloni wäre auch richtig gewesen, doch Canellino sind etwas ganz anderes, nämlich weißliche, mehlig kochende Bohnen.

Schon mal Elefantenläuse als Snack probiert?
Nein, nein, nichts Ekliges, niemand will euch zum Insektenessen bekehren. In der Tat trifft **c) »Immer her damit, das Studentenfutter ist aus!«** zu. Und gesund sind sie auch irgendwo, denn es handelt sich um die Cashewnuss!

Walter, Harry und Karim sind Fisch-Fans. Deswegen stehen bei Erreichen eines Luxus-Wochenbudgets auf der Einkaufsliste auch schon mal
b) Gambas natürlich, diese leckeren, großen rosa Krabben.
Gambo hingegen ist die Gemüsefrucht Okra. Und Meersalat klingt zwar nach frutti di mare, kommt auch aus dem Meer, ist aber eine Alge und somit eine Pflanze.

Woher hat die Mandarine ihren Namen?
Tatsächlich **b) nach der gelben Amtstracht chinesischer Staatsbeamter;** diese Berater heißen im Chinesischen Mandarin.
Das französischen Wort ‚mandrin‘ hat mit Essen und Trinken gar nicht zu tun, es heißt schlichtweg ‚Balken‘.

Warum tun sich Schweizer schwer damit, Müsli zu essen?
Na, **b) weil Müslis** – die eingedeutschte Variante – **Mäuschen sind.** Korrekt wäre die Bezeichnung Müesli.

Rezeptregister

A/B

Anti-Grippe-Punsch 63
Armer Ritter 46
Bananenmilch 60
Bratapfel 59
Bratkartoffeln 32
Brezen-Buchstaben 66
Broccoli-Pfanne mit Kabeljau 76
Bunte Kartoffelpfanne 22
Bunter Salat 11
Buntes Reisfleisch 24

C/E/F

Chili con carne 28
Coco-Schoko-Milch 61
Crostini 53
Eier
Kräuterrührei mit Sahne 16
Spiegelei-Brote 14
Fisch
Broccoli-Pfanne mit Kabeljau 76
Spaghetti mit Lachs 78
Fleisch
Buntes Reisfleisch 24
Chili con carne 28
Frikadellen 40
Wiener Schnitzel mit Kartoffelsalat 72
Frikadellen 40
Fuchssalat mit Vanillepudding 86

G/H

Gebratener Schinken-Käse-Toast 18
Geflügel
Hähnchen-Reis-Pfanne 12
Hühnerbrust mit Champignons 74
Überbackenes Putenschnitzel
mit Reis 82

Gemüse-Reistopf 38
Guacamole 57
Gurkensalat mit Dill 25
Hähnchen-Reis-Pfanne 12
Honeymoon-Drink 6
Hühnerbrust mit Champignons 74

J/K

Jagertee 62
Joghurtspeise mit Raspel-
schokolade 58
Kaiserschmarrn 87
Kartoffeln
Bratkartoffeln 32
Bunte Kartoffelpfanne 22
Kartoffelsuppe mit Croûtons 33
Kross gebackene Kartoffeln mit Kräuter-
quark 10
Wiener Schnitzel mit Kartoffelsalat 72
Kartoffelsuppe mit Croûtons 33
Käseschnittchen 52
Keksjuwelen 68
Kräuterrührei mit Sahne 16
Kross gebackene Kartoffeln mit Kräuter-
quark 10

L/N

Lauch-Quiche 84
Linsensuppe mit Würstchen 34
Nudeln
Nudelauflauf mit Broccoli 80
Schinkennudeln 42

P/R

Pfannkuchen 44
Pizza Margherita 30
Pizza-Toast 54

Reis
Buntes Reisfleisch 24
Gemüse-Reistopf 38
Hähnchen-Reis-Pfanne 12
Überbackenes Putenschnitzel
mit Reis 82

S/T

Salat
Bunter Salat 11
Gurkensalat mit Dill 25
Tomatensalat mit Knoblauchsauce 17
Schinkennudeln 42
Schokomüsli 50
Sonntagsbrötchen 70
Spaghetti
Spaghetti carbonara 8
Spaghetti mit Knoblauchsauce 20
Spaghetti mit Lachs 78
Spaghetti mit Tomatensauce 36
Spiegelei-Brote 14
Suppe
Tomatensuppe 35
Kartoffelsuppe mit Croûtons 33
Linsensuppe mit Würstchen 34
Tomatensalat mit Knoblauchsauce 17
Tomatensuppe 35
Tzatziki 56

U/W

Überbackenes Putenschnitzel
mit Reis 82
Wiener Schnitzel mit Kartoffelsalat 72
Wintermüsli 51

20 aus 200 –
Mach Dich so schlau
wie die TV-WG!!!

Seid ihr im Big Brother-Fieber und wollt es den Bewohnern gleich machen? Viele der Wochenaufgaben könnt ihr ohne An-leitung nachmachen. Das Original-BB-Rezept für die Brezen bzw. Buchstaben findet ihr hier im Buch. Und hier noch ein paar Fragen rund ums Essen, die ihr auswendig lernen könnt – um eure kleinen grauen Zellen zu trainieren oder um eure Freunde zu beeindrucken! Natürlich aus der Original-Erfindungen-Liste der Big Brother-Wochenaufgabe 3!

Teemaschine	Frank Clarke	1902
Thermoskanne	Reinhold Burgeer	1903
Kaffeefilter aus Papier	Melitta Benz	1907
Frischhaltefolie	Sr. Jacques Brandenberger	1908
Pappbecher	Hugh Moore	1908
Teebeutel	Joseph Kreiger	1919
Gummibärchen	Hans Riegel (HaRi..)	1922
Eis am Stil	Frank Epperson	1923
Brotschneidemaschine	Otto Frederick Rohwedder	1928
Tiefkühlkost	Dr. Archibald Huntsman	1929
Mars-Riegel	Forest E. Mars	1932
Einkaufswagen	Sylvia Goldmann	1937
Instantkaffee	Fa. Nestlé	1937
Espressomaschine	Achille Gaggia	1938
Mikrowelle	Percy L. Spencer	1947
Alufolie	Richard S. Reynolds	1947
Tetra Pak	Ruben Rausing	1951
Elektrische Kaffeemühle	Jean Mantelet	1956
Ceran-Kochfeld	Firma Schott	1974

Wer hat's gesagt?

1 Jörg	5 Steffi	9 Alida-Nadine
2 Christian	6 Hanka	10 Frank
3 Marion	7 Ebru	11 Karim
4 Harry	8 Walter	12 Daniela

Impressum

© 2000 Gräfe und Unzer Verlag GmbH München.
© RTL Television und © RTL II 2000.
Vermarktet durch RTL Enterprises.
™ 2000 Licensed by Endemol Entertainment International B.V.
Alle Rechte vorbehalten. Nachdruck auch auszugsweise, sowie durch Verbreitung durch Film, Funk, Fernsehen und Internet, durch fotomechanische Wiedergabe, Tonträger und Datenverarbeitungssysteme jeder Art nur mit schriftlicher Genehmigung des Verlages.

Text & Redaktion: Anne Lenk
Rezepte: Claudia Bruckmann

Umschlaggestaltung: Henning Bornemann
Layout, Satz: Johannes Kojer
Foodfotografie: H.-J. Beckers: S.52, 71; FoodPhotography Eising: 15, 19, 32, 34, 41, 45, 47, 50, 51, 56, 60, 61, 63, 83, 86, 87; Reiner Schmitz: 33, 77; Fotostudio Teubner: S. 9, 10, 11, 13, 17, 21, 23, 24, 25, 29, 31, 35, 37, 39, 43, 53, 55, 57, 58, 59, 62, 69, 73, 75, 79, 81, 85
People-Fotos: RTL II (Endemol)
People-Porträts (Cover): Endemol (Stefan Gregorowius (Walter, Hanka, Steffi, Harry, Karim, Daniela), Martin Lässig (Jörg, Ebru, Marion, Frank, Alida-Nadine, Christian))
Herstellung: Petra Roth
Reproduktion: Repro Schmidt/Dornbirn/Österreich
Druck und Bindung: Appl, Wemding

ISBN 3-7742-2824-8

Auflage   1
Jahr   2000

Das Original mit Garantie

Ihre Meinung ist uns wichtig. Deshalb möchten wir Ihre Kritik, gerne aber auch Ihr Lob erfahren. Um als führender Ratgeberverlag für Sie noch besser zu werden. Darum: Schreiben Sie uns! Wir freuen uns auf Ihre Post und wünschen Ihnen viel Spaß mit Ihrem GU-Ratgeber.

Unsere Garantie: Sollte ein GU-Ratgeber einmal einen Fehler enthalten, schicken Sie uns das Buch mit einem kleinen Hinweis und der Quittung innerhalb von sechs Monaten nach dem Kauf zurück. Wir tauschen Ihnen den GU-Ratgeber gegen einen anderen zum gleichen oder ähnlichen Thema um.

Ihr Gräfe und Unzer Verlag
Redaktion Kochen
Postfach 86 03 25
81630 München
Fax: 089/41981-113
e-mail: leserservice@graefe-und-unzer.de